# Prendi il controllo della tua mente e domina la tua vita: Il manuale Mindt è la tua arma segreta!

## Manuale pratico della Mindt

di Raffaele Vertaglia

Introduzione alla Mindt

Lezione 1: Definizione di Mindt e suoi benefici

Lezione 2: I principi fondamentali della Mindt

Lezione 3: Come utilizzare la Mindt nel proprio lavoro

Lezione 4: Tecniche di Mindt per la risoluzione di problemi

Lezione 5: Come usare la Mindt per prendere decisioni

Lezione 6: Il ruolo della Mindt nella gestione dello stress

Lezione 7: Come utilizzare la Mindt per migliorare la creatività

Lezione 8: Come sviluppare la consapevolezza nella Mindt

Lezione 9: L'importanza della pratica nella Mindt

Lezione 10: Come utilizzare la Mindt per migliorare le relazioni interpersonali

Conclusioni sulla Mindt

Note e riferimenti sulla Mindt

Sei stanco di sentirti impotente, come se la tua mente fosse fuori controllo? Hai la sensazione che le tue emozioni, le tue paure e i tuoi pensieri ti condizionino e ti limitino nella vita di tutti i giorni? È il momento di prendere il controllo e dominare la tua vita!
E il manuale Mindt è la tua arma segreta per farlo.
Immagina di svegliarti ogni mattina con una chiarezza mentale che ti permette di affrontare qualsiasi sfida con fiducia e determinazione. Pensa a quanto sarebbe meraviglioso liberarti dalle catene delle paure irrazionali, dei cattivi pensieri e delle convinzioni limitanti che ti trascinano verso il basso. Il manuale Mindt è il tuo compagno di viaggio in questa straordinaria avventura verso la trasformazione mentale.
Attraverso pagine piene di saggezza e conoscenza, scoprirai i segreti per

sbloccare il potenziale illimitato della tua mente. Imparerai a riconoscere e superare gli ostacoli che ti impediscono di raggiungere la felicità e il successo che meriti. Con esercizi pratici, meditazioni guidate e strategie provate, il manuale Mindt ti condurrà verso una consapevolezza profonda di te stesso e del tuo potere interiore.

Non si tratta solo di acquisire conoscenze teoriche. Il manuale Mindt ti guiderà passo dopo passo, giorno dopo giorno, nell'applicazione pratica di ciò che impari. Attraverso il potere delle abitudini positive, imparerai a riprogrammare la tua mente per il successo. Vedrai cambiamenti tangibili nella tua vita mentre metti in pratica le tecniche e le strategie condivise nel manuale.
Ma Mindt va oltre. È un invito a trasformare la tua intera esistenza. Scoprirai come coltivare relazioni sane e appaganti, come manifestare abbondanza e prosperità, come trovare il vero scopo della tua vita. La mente è il punto di partenza per tutto ciò che desideri ottenere, e Mindt ti dà le chiavi per aprire le porte dell'opportunità infinita.
Non lasciare che la tua mente sia il tuo nemico invisibile. Riconquista il potere che ti spetta e vivi una vita piena di gioia, successo e realizzazione. Il manuale Mindt ti offre l'opportunità di trasformare radicalmente il tuo modo di pensare, di sentire e di agire.
Ogni pagina di questo manuale emana passione, compassione ed empatia. Sono state messe insieme le migliori tecniche e strategie provenienti dalle discipline più avanzate nel campo del potenziale umano. Esperti di psicologia, neuroscienze e spiritualità si sono uniti per creare un'opera unica nel suo genere, che ti guiderà nel tuo viaggio di crescita personale.
Il manuale Mindt è un investimento in te stesso, nella tua felicità e nel tuo successo.
È un'opportunità per risvegliare il tuo potenziale dormiente e rivelare la tua vera essenza. Non rinviare più il tuo futuro. Prendi il controllo della tua mente e inizia a dominare la tua vita oggi stesso. Il manuale Mindt ti sosterrà in ogni passo del cammino, perché tu meriti di vivere la vita straordinaria che hai sempre sognato.

Introduzione alla Mindt.

La Mindt è una metodologia innovativa che si basa sull'utilizzo di tecniche di mind mapping e visual thinking per migliorare la gestione delle informazioni e la creatività. Questo corso introduttivo è stato progettato per fornire una panoramica completa delle principali tecniche e strumenti utilizzati nella Mindt, in modo da permettere ai partecipanti di acquisire le competenze necessarie per

applicare queste metodologie nel loro lavoro quotidiano.
Il corso è strutturato in modo pratico e facile da seguire, con una serie di
esercizi e attività che permettono ai partecipanti di sperimentare direttamente le
tecniche apprese. Durante il corso, verranno affrontati argomenti come la
creazione di mappe mentali, la gestione delle informazioni, la visualizzazione
dei dati e la risoluzione dei problemi.

Il corso è rivolto a professionisti di ogni settore che desiderano migliorare la
propria produttività e creatività, ma anche a studenti e appassionati che vogliono
approfondire le proprie conoscenze in questo campo. Non sono richieste
conoscenze pregresse specifiche, ma solo curiosità e voglia di imparare.

Alla fine del corso, i partecipanti saranno in grado di creare mappe mentali
efficaci, gestire le informazioni in modo più efficiente e sviluppare nuove idee in
modo più creativo. Inoltre, avranno acquisito una maggiore consapevolezza
delle proprie capacità cognitive e avranno imparato a sfruttarle al meglio.

In conclusione, questo corso introduttivo alla Mindt è un'opportunità unica per
acquisire competenze innovative e utili per il proprio lavoro o studio. Grazie alla
sua struttura pratica e facile da seguire, è adatto a tutti coloro che desiderano
migliorare la propria produttività e creatività.

Capitolo 1. Definizione di Mindt e i suoi benefici: Scopri una nuova dimensione
di benessere interiore.

Benvenuto nel mondo affascinante della Mindt, un percorso di consapevolezza
che ti guiderà verso una vita più serena e appagante. La Mindt, acronimo di
Mindfulness Training, è molto più di una semplice pratica: è una chiave che ti
permetterà di sbloccare i tesori nascosti all'interno di te stesso.
Immagina di vivere ogni giorno senza il peso dello stress e dell'ansia che
spesso ci opprimono. La Mindt ti offre questa possibilità, riducendo lo stress e
portando un senso di calma e tranquillità nella tua vita. Grazie alla tua nuova

consapevolezza del momento presente, potrai affrontare le sfide quotidiane con una mente chiara e lucida.

La Mindt è anche un dono per la tua mente. La pratica regolare ti permetterà di aumentare la tua concentrazione, di rafforzare la tua memoria e di sviluppare una maggiore consapevolezza di te stesso. Sarai in grado di vivere ogni istante in modo più intenso e profondo, apprezzando appieno le meraviglie che ti circondano.

Ma i benefici non finiscono qui. La Mindt ti insegna a gestire le tue emozioni in modo sano ed equilibrato. Non sarai più schiavo delle tue reazioni impulsive, ma acquisirai la capacità di rispondere in modo ponderato e compassionevole. La Mindt ti aiuterà a coltivare una relazione armoniosa con te stesso e con gli altri, migliorando le tue interazioni sociali e le tue relazioni.

La Mindt è un toccasana anche per l'anima. Con essa, imparerai ad abbracciare il momento presente con gratitudine e accettazione. Non lascerai che il passato ti imprigioni o che il futuro ti preoccupi. Vivrai nel qui e ora, gustando ogni istante come un dono prezioso.

Per sperimentare appieno i benefici della Mindt, è importante dedicarle del tempo ogni giorno. Anche solo pochi minuti di pratica regolare possono fare la differenza. Trova un luogo tranquillo, lontano dalle distrazioni, e immergiti in questa pratica che trasformerà la tua vita.

Ti avverto: la Mindt richiede impegno e costanza. Ma il viaggio che intraprenderai sarà ricco di scoperte sorprendenti e trasformazioni profonde. Ogni giorno, avanzerai verso una nuova dimensione di benessere interiore, dove troverai la pace che hai sempre desiderato.

Non attendere oltre! Abbraccia la Mindt e inizia il tuo viaggio verso la serenità e la gioia autentica. Preparati ad aprire le porte di un mondo meraviglioso e a scoprire tutto ciò che la tua mente e il tuo cuore possono offrire. La Mindt ti aspetta a braccia aperte.

Capitolo 2.I principi fondamentali della Mindt.

In questa lezione, approfondiremo i principi fondamentali della Mindt, una metodologia di lavoro che si concentra sull'ottimizzazione delle prestazioni cognitive e sulla massimizzazione dell'efficienza mentale.

Il primo principio fondamentale della Mindt è la consapevolezza. Essa consiste nell'essere consapevoli dei propri pensieri, emozioni e azioni in ogni momento. Questo ci permette di gestire al meglio le nostre risorse cognitive e di evitare di perdere energia mentale in attività inutili o distrattive.

Il secondo principio fondamentale è la concentrazione. Essa consiste nell'essere in grado di concentrarsi sulle attività importanti e di ignorare le distrazioni. La concentrazione è una capacità fondamentale per il successo in qualsiasi campo e può essere sviluppata attraverso l'allenamento mentale.

Il terzo principio fondamentale è la creatività. Essa consiste nell'essere in grado di generare nuove idee e soluzioni innovative ai problemi. La creatività può essere stimolata attraverso l'esplorazione di nuove idee, l'osservazione del mondo che ci circonda e l'utilizzo di tecniche specifiche.

Il quarto principio fondamentale è la memoria. Essa consiste nell'essere in grado di memorizzare informazioni importanti e di richiamarle quando necessario. La memoria può essere migliorata attraverso l'utilizzo di tecniche specifiche, come l'associazione mnemonica e la ripetizione.

Il quinto principio fondamentale è la comunicazione. Essa consiste nell'essere in grado di comunicare efficacemente con gli altri, sia verbalmente che non verbalmente. La comunicazione efficace è una capacità fondamentale per il successo in qualsiasi campo e può essere sviluppata attraverso l'allenamento mentale.

Infine, il sesto principio fondamentale è la gestione dello stress. Essa consiste nell'essere in grado di gestire lo stress e l'ansia in modo efficace, al fine di mantenere un equilibrio mentale e fisico ottimale. La gestione dello stress può essere migliorata attraverso l'utilizzo di tecniche specifiche, come la meditazione e la respirazione profonda.

In sintesi, i principi fondamentali della Mindt sono la consapevolezza, la concentrazione, la creatività, la memoria, la comunicazione e la gestione dello stress. Questi principi sono essenziali per un'ottimizzazione delle prestazioni cognitive e una massimizzazione dell'efficienza mentale, e possono essere sviluppati attraverso l'allenamento mentale e l'utilizzo di tecniche specifiche.

Capitolo 3.Come utilizzare la Mindt nel proprio lavoro.

La Mindt è uno strumento molto utile per chi lavora in diversi settori, in quanto permette di organizzare le proprie idee e di strutturare il lavoro in maniera efficace ed efficiente. Per utilizzare al meglio la Mindt nel proprio lavoro, è importante comprendere le sue funzionalità e imparare ad utilizzarle in maniera esaustiva.

Innanzitutto, è fondamentale creare una mappa mentale dettagliata, che includa tutte le informazioni necessarie per il lavoro che si sta svolgendo. La mappa mentale deve essere organizzata in maniera chiara e logica, in modo da facilitare la comprensione delle informazioni e la loro gestione.

Una mappa mentale è una rappresentazione grafica delle idee, dei concetti e delle connessioni che si formano nella nostra mente. È uno strumento potente che ci aiuta a organizzare e a visualizzare le informazioni in modo chiaro e intuitivo. Redigere una mappa mentale è un processo creativo e liberatorio, che ci permette di esprimere le nostre idee e di esplorare nuovi percorsi di pensiero.


Per redigere una mappa mentale, segui questi passaggi:

1. Inizia con un tema centrale: Scrivi al centro del foglio o della lavagna il tema principale della tua mappa mentale. Può essere una parola chiave, un concetto o un'immagine che rappresenta l'argomento principale.

2. Aggiungi le branche principali: Dalla parola centrale, disegna delle linee o delle frecce che si diramano verso l'esterno. Su ogni linea, scrivi una parola o una breve frase che rappresenta un'idea correlata al tema principale. Queste parole o frasi saranno le tue branche principali.

3. Aggiungi le sottobranche: Ogni branca principale può essere ulteriormente sviluppata con sottobranche. Disegna delle linee o delle frecce che si diramano dalle branche principali e scrivi su di esse parole o frasi che rappresentano concetti più specifici o dettagliati.

4. Utilizza colori e immagini: Puoi rendere la tua mappa mentale più vivace e stimolante utilizzando colori diversi per le parole e le branche. Puoi anche aggiungere immagini o simboli che rappresentano visivamente le idee o i concetti.

5. Crea connessioni: Connetti le branche e le sottobranche che sono correlate tra loro. Puoi utilizzare linee, frecce o semplici curve per mostrare le connessioni concettuali.

6. Sii flessibile e creativo: Non ci sono regole rigide nella creazione di una mappa mentale. Sii aperto/a alla sperimentazione e lascia che la tua creatività fluisca liberamente. Se una nuova idea o un nuovo collegamento ti viene in mente durante il processo, aggiungilo alla tua mappa mentale.
La mappa mentale è uno strumento dinamico e in continua evoluzione. Puoi aggiungere, modificare o cancellare le informazioni in base alle tue esigenze. È uno strumento versatile che può essere utilizzato per prendere appunti, organizzare idee, pianificare progetti o studiare.
La creazione di una mappa mentale ti permette di visualizzare le relazioni tra le idee in modo intuitivo e di avere una visione panoramica dell'argomento trattato.
Ti aiuta a stimolare la tua creatività, a organizzare le informazioni in modo logico e a generare nuove connessioni e associazioni di pensiero.

Sperimenta la magia delle mappe mentali e scopri come possono ampliare la tua capacità di pensiero, migliorare la tua memoria e stimolare la tua creatività. Sii libero/a di esplorare, di giocare con le idee e di lasciare che la tua mente si apra a nuovi orizzonti. Le mappe mentali sono il tuo alleato nel viaggio della scoperta e dell'esplorazione del tuo mondo interiore e della conoscenza che ti circonda.

Una volta creata la mappa mentale, è possibile utilizzarla come guida per lo svolgimento del lavoro. Ad esempio, se si tratta di un progetto di ricerca, la mappa mentale può essere utilizzata per organizzare le informazioni raccolte e per definire le fasi del lavoro da svolgere.

Inoltre, la Mindt può essere utilizzata per la gestione del tempo. Ad esempio, è possibile suddividere il lavoro in diverse fasi e definire una scadenza per ciascuna fase. In questo modo, si può monitorare il progresso del lavoro e assicurarsi di rispettare le scadenze.

Immagina di avere tra le tue mani una mappa mentale dettagliata, una bussola che ti guida attraverso il mare delle informazioni. La Mindt ti offre questo strumento prezioso, che ti permetterà di organizzare le tue idee in modo chiaro e logico, semplificando il tuo lavoro e migliorando la tua produttività.

Quando crei la tua mappa mentale, immergiti in un mondo di creatività e intuizione. Lascia che la tua mente fluisca, si liberi e si espanda, mettendo in relazione le idee in modo naturale e scorrevole. L'organizzazione che ne deriva ti sorprenderà: ogni informazione troverà il suo posto e si collegherà in modo armonioso alle altre, creando un quadro completo e ben strutturato.

Pensa ad esempio a un progetto di ricerca. La tua mappa mentale sarà il faro che illumina il cammino. Potrai inserire tutte le informazioni raccolte, le fonti, i concetti chiave e i punti salienti. Ogni ramo della mappa ti condurrà a una nuova scoperta, a un nuovo pezzo del puzzle che stai assemblando. La Mindt ti permetterà di tenere traccia delle fasi del lavoro, suddividendo il progetto in tappe chiare e raggiungibili.

Ma la Mindt non si ferma qui. Ti aiuta anche a gestire il tempo, un bene prezioso che spesso ci sfugge di mano. Utilizzando la tua mappa mentale come guida, potrai suddividere il lavoro in diverse fasi e assegnare una scadenza a ciascuna di esse. Questo ti permetterà di monitorare costantemente il tuo progresso e di assicurarti di rispettare le scadenze che ti sei prefissato. Sarai il capitano della tua nave, conducendo il tuo progetto verso il porto del successo.

Lascia che la Mindt si trasformi in azione concreta. Ogni ramo della tua mappa mentale sarà una strada che percorrerai, un obiettivo che raggiungerai. La tua produttività aumenterà, la tua mente si sentirà leggera e potrai godere di un senso di realizzazione che ti riempirà di gioia.

Non perdere l'occasione di trasformare il caos in ordine, di liberarti dalla confusione e di vivere la tua vita in modo più efficiente e soddisfacente. La Mindt è il tuo alleato segreto, pronto a offrirti la chiarezza e la struttura di cui hai bisogno per dare vita ai tuoi progetti. Abbracciala e lascia che ti accompagni in questa straordinaria avventura.

Infine, la Mindt può essere utilizzata anche per la gestione del team. Ad esempio, è possibile creare una mappa mentale condivisa con tutti i membri del team, in modo da facilitare la comunicazione e la collaborazione. In questo modo, ogni membro del team può visualizzare le informazioni in maniera chiara e organizzata e contribuire al raggiungimento degli obiettivi comuni.

In conclusione, la Mindt è uno strumento molto utile per chi lavora in diversi settori e può essere utilizzata in maniera esaustiva per organizzare le proprie idee, gestire il tempo e il team. Per utilizzarla al meglio, è importante comprendere le sue funzionalità e imparare ad utilizzarle in maniera efficace ed efficiente.

Capitolo 4.Tecniche di Mindt per la risoluzione di problemi.

La lezione 4 è dedicata alle tecniche di Mindt per la risoluzione di problemi in maniera esaustiva. Questo approccio si basa sull'utilizzo di un metodo strutturato per analizzare e risolvere i problemi, che si compone di cinque fasi: definizione del problema, analisi del problema, sviluppo delle soluzioni, selezione della soluzione migliore e implementazione della soluzione.

La prima fase, la definizione del problema, consiste nell'identificare il problema e definirlo in modo chiaro e preciso. È importante comprendere il contesto in cui si verifica il problema, i suoi effetti e le sue cause, per poterlo analizzare in modo efficace.

La seconda fase, l'analisi del problema, prevede l'individuazione delle possibili soluzioni. In questa fase si cerca di capire le ragioni del problema e si individuano le opzioni disponibili per risolverlo. È importante considerare tutte le possibili alternative, anche quelle meno ovvie.

La terza fase, lo sviluppo delle soluzioni, consiste nella generazione di idee per risolvere il problema. In questa fase si cercano soluzioni innovative e creative, che possano essere implementate in modo efficace e sostenibile.

La quarta fase, la selezione della soluzione migliore, prevede la valutazione delle diverse opzioni e la scelta della soluzione più adeguata. È importante considerare i vantaggi e gli svantaggi di ogni opzione, valutando anche i costi e i benefici a lungo termine.

Infine, la quinta fase, l'implementazione della soluzione, prevede l'applicazione della soluzione scelta e il monitoraggio dei risultati ottenuti. È importante verificare che la soluzione funzioni correttamente e che produca i risultati attesi. Le tecniche di Mindt sono utili per risolvere problemi complessi e per affrontare situazioni difficili in modo efficace. Questo approccio permette di analizzare i problemi in modo sistematico e di individuare le soluzioni migliori, garantendo una maggiore efficacia e una maggiore efficienza nella risoluzione dei problemi.

Quando ci troviamo di fronte a problemi complessi e situazioni difficili, la Mindt si rivela come un'arma potente per affrontarli con successo. Questa pratica ti offre un approccio sistematico che ti permette di analizzare i problemi in modo dettagliato, individuando le soluzioni più efficaci e aprendo la strada al successo.

Immagina di avere un faro nella tempesta, una bussola che ti guida attraverso le sfide che la vita ti presenta. La Mindt ti offre questo faro, questa bussola, che ti permetterà di navigare con sicurezza anche nelle acque più agitate. Affrontando i problemi con un approccio basato sulla consapevolezza e la gestione delle emozioni, sarai in grado di mantenere la chiarezza mentale necessaria per trovare le soluzioni migliori.

La Mindt ti insegna a osservare i problemi senza farti travolgere dalle emozioni negative che possono essi stessi generare. Sarai in grado di analizzare la situazione in modo obiettivo, scomponendo il problema in piccoli elementi e individuando le connessioni nascoste. In questo modo, avrai una visione chiara e completa del quadro, permettendoti di valutare le possibili soluzioni con lucidità e intuizione.

Ma la Mindt va oltre l'analisi: ti offre anche gli strumenti per agire. Grazie alla tua mente focalizzata e alla consapevolezza del momento presente, sarai in grado di sviluppare strategie concrete e metterle in pratica con efficacia. Affronterai le sfide con determinazione e coraggio, superando gli ostacoli uno dopo l'altro.

La Mindt ti permette di essere più efficiente nella risoluzione dei problemi. Con un approccio sistemico e consapevole, eviterai di perdersi in dettagli irrilevanti o di prendere decisioni affrettate. La tua mente sarà un alleato potente, in grado di analizzare le opzioni, considerare le conseguenze e scegliere la strada migliore.

Non lasciare che i problemi ti abbattano. Scegli di affrontarli con la Mindt, una pratica che ti darà il potere di risolvere le situazioni più complesse con successo. Riconosci il tuo potenziale e sfrutta al massimo le tue abilità mentali. La Mindt è qui per guidarti verso la vittoria, permettendoti di superare ogni ostacolo e di raggiungere la felicità e il successo che meriti. Affidati a essa e sperimenta il potere trasformativo che può portare nella tua vita.

Capitolo 5.Come usare la Mindt per prendere decisioni.

La Mindt è una metodologia che può essere utilizzata per prendere decisioni in maniera esaustiva. Essa prevede di analizzare tutti gli aspetti del problema da risolvere, valutando le diverse opzioni a disposizione e scegliendo la soluzione migliore sulla base di criteri oggettivi.
Per utilizzare la Mindt è necessario seguire alcuni passaggi fondamentali. In primo luogo, occorre definire chiaramente il problema da risolvere, individuando gli obiettivi da raggiungere e le limitazioni da considerare. In secondo luogo, bisogna identificare tutte le possibili soluzioni al problema, valutandone i pro e i contro e confrontandole tra loro.
Una volta individuate le opzioni a disposizione, si passa alla fase di selezione della soluzione migliore. In questo caso, è importante basarsi su criteri oggettivi e quantificabili, come ad esempio il costo, il tempo necessario per attuare la soluzione, l'impatto sulle risorse disponibili e così via.
Per utilizzare la Mindt con successo, segui questi passaggi fondamentali che ti condurranno alla risoluzione dei problemi in modo efficace ed emozionante. Inizia identificando chiaramente il problema che desideri risolvere. Fai una mappa mentale delle tue sfide, degli obiettivi da raggiungere e delle limitazioni che devi considerare. Questa fase iniziale ti permetterà di avere una visione chiara e completa della situazione, aprendo la strada alla tua mente creativa. Successivamente, lascia che la tua mente si liberi, esplorando tutte le possibili soluzioni al problema. Immagina di avere una tavolozza di colori davanti a te e di dipingere le opzioni una per una. Valuta i vantaggi e gli svantaggi di ogni

soluzione, lasciando spazio alla tua intuizione e alla tua saggezza interiore.
Una volta che hai una gamma di soluzioni davanti a te, arriva il momento di selezionare la migliore. Affidati a criteri oggettivi e quantificabili, come il costo, il tempo richiesto per attuare la soluzione, l'impatto sulle risorse disponibili e così via. Guarda oltre le emozioni del momento e prendi decisioni ponderate che ti avvicineranno ai tuoi obiettivi.
L'uso della Mindt in questo processo ti permette di portare consapevolezza e presenza nel tuo processo decisionale. Osserva le tue emozioni mentre esplori le opzioni e prendi in considerazione il tuo stato mentale nel momento della scelta. Sii gentile con te stesso e affidati all'intuito che deriva dalla tua pratica di Mindt.
Ricorda che non esiste una soluzione perfetta, ma piuttosto una soluzione che si adatta meglio alle tue esigenze e alle circostanze specifiche. La Mindt ti offre la chiave per sbloccare il potenziale creativo che risiede dentro di te e per prendere decisioni che ti porteranno verso la tua felicità e il tuo successo.

Affronta i tuoi problemi con fiducia e serenità, sapendo che hai gli strumenti per trovare le soluzioni più brillanti. La Mindt è il tuo alleato fedele, pronto a guidarti lungo il cammino. Sii aperto all'esplorazione, sperimenta con coraggio e goditi il processo di risoluzione dei problemi. Il successo ti aspetta, e la Mindt ti guiderà verso una vita piena di risultati straordinari.
Le tue scelte sono come pennellate su un quadro vibrante di possibilità. La Mindt ti offre uno spazio di creatività e connessione con te stesso che ti permette di prendere decisioni con il cuore aperto.

Ricorda che sei più di un semplice problema da risolvere. Sei un essere umano unico, con sogni, passioni e desideri che guidano il tuo cammino. La Mindt ti invita a considerare queste aspirazioni mentre valuti le soluzioni, perché la tua felicità è un elemento centrale nella risoluzione del problema.
Fai un respiro profondo e lascia che la Mindt ti avvolga come una carezza gentile. Porta con te l'amore e la compassione mentre ti muovi attraverso le opzioni, sapendo che stai facendo del tuo meglio. Ricorda che anche se non esiste una soluzione perfetta, hai la capacità di fare scelte sagge e rispettose dei tuoi valori.
La Mindt ti connette con la tua saggezza interiore, con quella voce che ti guida verso il sentiero della verità. Ascolta attentamente mentre consideri le soluzioni, sentendo la tua intuizione risuonare come una melodia nel tuo cuore. Lascia che la tua anima si esprima attraverso le tue scelte, creando un'armonia unica nel tuo cammino.
Non temere di fare una scelta sbagliata. Nella Mindt, ogni scelta è un'opportunità di crescita e apprendimento. Abbraccia il processo e accogli le sfide come occasioni per evolvere e scoprire lati di te stesso che non conoscevi.

E quando finalmente arrivi alla soluzione che risuona più autenticamente con te, celebrala come una vittoria personale. Sentiti orgoglioso di aver percorso questo cammino con consapevolezza e cura. Ti sei affidato alla Mindt e hai trovato una via verso una soluzione che ti fa vibrare di gioia.
La Mindt è un compagno fidato che ti accompagna nella risoluzione dei problemi, nella creazione del tuo destino. Affidati a essa, immergiti nel flusso della consapevolezza e lascia che la tua mente e il tuo cuore si uniscano in un ballo armonioso. La tua vita è un capolavoro in continua creazione, e con la Mindt, il quadro che dipingi sarà straordinario.
Infine, è importante monitorare l'attuazione della soluzione scelta, verificando che essa produca i risultati attesi e intervenendo tempestivamente in caso contrario. In questo modo, si può garantire che la decisione presa sia realmente efficace e che produca i risultati desiderati nel lungo termine.
In sintesi, la Mindt è una metodologia efficace per prendere decisioni in maniera esaustiva, basandosi su criteri oggettivi e valutando tutte le possibili opzioni a disposizione. Seguendo i passaggi fondamentali della Mindt, è possibile trovare la soluzione migliore al problema da risolvere e garantire il successo dell'azione intrapresa.

Capitolo 6.Il ruolo della Mindt nella gestione dello stress.

La Mindt, acronimo di Mindfulness Training, è una tecnica che si sta diffondendo sempre di più come strumento per la gestione dello stress. Essa si basa sull'attenzione consapevole al momento presente, senza giudizio e con accettazione.
La Mindt, l'incantevole Mindfulness Training, è un dono prezioso che sta guadagnando sempre più terreno come strumento di gestione dello stress. È un rifugio sicuro in cui trovare pace e serenità, e ti condurrà verso una vita più consapevole e appagante.

Immagina di immergerti nel presente, di sentire ogni respiro, ogni suono, ogni sensazione che ti avvolge. La Mindt ti invita a farlo, ad abbandonare le preoccupazioni passate e future, e a immergerti completamente nel qui e ora. È un balsamo per l'anima, che ti permette di spegnere il frastuono della mente e di entrare in connessione con la profonda quiete interiore.
Con la Mindt, scoprirai l'arte di prestare attenzione con amore e gentilezza. Imparerai ad ascoltare il tuo corpo, a riconoscere le tensioni che si accumulano e a scioglierle con il potere del respiro consapevole. Noterai i pensieri che fluttuano nella tua mente, ma non ti attaccherai ad essi. Li osserverai come nuvole che passano nel cielo, lasciandoli andare con dolcezza.
La Mindt ti insegnerà a portare l'attenzione al presente in ogni aspetto della tua vita. Quando cammini, sentirai il contatto dei tuoi piedi con il suolo, l'aria che

accarezza la tua pelle. Durante i pasti, gusterai ogni boccone, apprezzando i sapori e le texture come un dono prezioso. Sarai presente nelle tue relazioni, ascoltando gli altri con autentica attenzione e rispondendo con amore e compassione.

Questa pratica non si limita solo ai momenti di calma e meditazione. Puoi applicare la Mindt anche durante le attività quotidiane. Immagina di lavare i piatti con attenzione, sentendo l'acqua scorrere tra le tue mani, percependo la morbidezza del sapone e la brillantezza della ceramica. Osserva come questa semplice azione si trasforma in un atto di gratitudine e di presenza.

La Mindt ti offre un riparo sicuro in cui trovare conforto quando lo stress si fa sentire. Con il suo potere, potrai affrontare le sfide della vita con maggiore equanimità. Riconoscerai le emozioni che si affacciano nel tuo cuore, accogliendole con gentilezza e comprendendo che fanno parte dell'esperienza umana. Non sarai più prigioniero dello stress, ma diventerai il maestro della tua mente.

Sperimenta il miracolo della Mindt, immergiti in questa pratica meravigliosa e scoprirai il tesoro nascosto nel momento presente. Il tuo respiro diventerà la melodia della tua vita, la consapevolezza ti guiderà verso l'equilibrio interiore. Affidati a essa, perché ti condurrà verso una pace profonda e un benessere duraturo.

La Mindt è come un abbraccio tenero che ti avvolge quando sei sopraffatto dallo stress. È un rifugio di calma e tranquillità in cui puoi trovare sollievo e ricaricarti. La pratica della Mindt ti offre strumenti potenti per gestire lo stress in modo sano ed efficace.

Immagina di sentire la tensione che si scioglie nel tuo corpo mentre pratichi la Mindt. Le tue spalle si rilassano, il tuo respiro diventa profondo e ritmato. Con ogni inspirazione, senti che lo stress si allontana, mentre con ogni espirazione lasci andare le preoccupazioni e le tensioni accumulate. In questo spazio di presenza e accettazione, scopri che sei più forte di quanto pensi e che puoi affrontare le sfide della vita con coraggio.

La Mindt ti invita a prendere consapevolezza dei tuoi pensieri, senza giudicarli o identificarti con essi. Osserva i tuoi pensieri come nuvole che fluttuano nel cielo, senza lasciarti trascinare dal loro potere. Con la pratica costante, svilupperai una mente più calma e resiliente, capace di affrontare le sfide in modo equilibrato.

Ma la Mindt va oltre la gestione dello stress. Ti apre le porte per scoprire una profondità di connessione con te stesso e con il mondo che ti circonda. Ti connetti con la bellezza dei piccoli momenti, come il suono della pioggia che batte sul tetto, il profumo dei fiori che si diffonde nell'aria o la dolcezza di un abbraccio sincero. La Mindt ti ricorda di apprezzare questi doni quotidiani e di vivere con gratitudine.

La Mindt non è solo una pratica individuale, ma può anche essere condivisa con gli altri. Puoi creare uno spazio di Mindt in famiglia, con gli amici o in ambito professionale. Condividere momenti di presenza e ascolto profondo con le persone a te care crea connessioni autentiche e rinforza i legami. Insieme, potete sostenervi l'un l'altro nel percorso verso il benessere e la felicità.

La Mindt è un faro di luce nella tempesta dello stress quotidiano. Ti invita a rallentare, a riappropriarti del momento presente e a prenderti cura di te stesso. Non importa quanto sia intenso il mondo intorno a te, la Mindt ti ricorda che hai il potere di coltivare la calma interiore e di trovare la pace nella tua vita.

Con la Mindt, ti doni il regalo del benessere e della serenità. Sii gentile con te stesso e ricorda che la pratica richiede tempo e costanza. Affronta le sfide con compassione e determinazione, sapendo che hai la Mindt come alleata affidabile lungo il cammino.

Sperimenta la meraviglia della Mindt e scopri l'immenso potere di questa pratica nel gestire lo stress e vivere una vita più piena e autentica. Affidati alla Mindt e lascia che la sua dolcezza e saggezza ti accompagnino nel tuo viaggio di trasformazione.
Per comprendere il ruolo della Mindt nella gestione dello stress, è necessario considerare che lo stress è una risposta fisiologica del nostro organismo a situazioni percepite come minacciose o pericolose. Quando siamo sottoposti a uno stress eccessivo e prolungato nel tempo, il nostro organismo può subire danni a livello fisico e psicologico.

La Mindt può aiutare a gestire lo stress in diverse maniere. In primo luogo, essa permette di sviluppare una maggiore consapevolezza delle proprie emozioni e pensieri, permettendo di identificare le situazioni che generano stress e di agire su di esse in modo più efficace.

Inoltre, la Mindt può aiutare a ridurre la reattività emotiva, ovvero la tendenza a reagire in modo esagerato alle situazioni stressanti. Grazie alla pratica della Mindt, infatti, si impara a osservare le proprie emozioni senza giudizio e a non lasciarsi travolgere da esse.

La Mindt può anche aiutare a migliorare la qualità del sonno, ridurre l'ansia e la depressione e aumentare la resilienza, ovvero la capacità di affrontare le difficoltà e superarle.

Per ottenere i benefici della Mindt è necessario praticarla regolarmente. La pratica può avvenire in diversi modi: attraverso la meditazione, la respirazione consapevole, l'osservazione dei propri pensieri e delle proprie emozioni. Per immergerti completamente nei benefici della Mindt, è essenziale dedicare un tempo regolare alla pratica. Questo viaggio di trasformazione può avvenire in molti modi, attraverso metodiche pratiche che ti permettono di scoprire i punti salienti di questa straordinaria disciplina.

La meditazione è uno dei pilastri fondamentali della Mindt. Trova un luogo tranquillo, siediti comodamente e inizia a dirigere la tua attenzione verso il respiro. Nota il movimento del respiro che entra e esce dal tuo corpo, senza cercare di cambiarlo. Con pazienza e gentilezza, lascia che la tua mente si rilassi, lasciando andare i pensieri che passano. Sii presente nel momento, senza giudicare, accogliendo tutto ciò che sorge nella tua consapevolezza.

La respirazione consapevole è un'altra tecnica potente per connetterti con il presente. Porta la tua attenzione al respiro, osservandolo come una guida che ti riconnette al momento presente. Inspirando, senti l'energia vitale che entra nel tuo corpo. Espirando, lascia andare le tensioni e le preoccupazioni. Dedica qualche istante alla respirazione consapevole durante la tua giornata, ricordandoti di ritornare al respiro come ancore di calma e presenza.

L'osservazione dei pensieri e delle emozioni è un aspetto cruciale della Mindt. Sii un osservatore neutrale della tua mente, riconoscendo i pensieri che si affacciano e lasciandoli fluire senza identificarti con essi. Osserva le emozioni che sorgono, accogliendole con gentilezza e comprensione. Ricorda che non sei le tue emozioni né i tuoi pensieri, ma un osservatore consapevole che può scegliere come rispondere.

Al di là delle tecniche specifiche, la Mindt si sviluppa anche nella tua quotidianità. Porta la consapevolezza nel tuo vivere, presti attenzione alle attività che svolgi, senza fretta né distrazione. Assapora il cibo che mangi, goditi il contatto con la natura, ascolta gli altri con attenzione autentica. Ogni momento può diventare un'opportunità per praticare la Mindt e abbracciare la bellezza del presente.

Ricorda, però, che la Mindt richiede pratica e costanza. Inizia con piccoli passi, dedicando pochi minuti al giorno alla tua pratica. Col tempo, potrai estendere gradualmente la durata e l'intensità della tua pratica, godendo dei suoi benefici sempre più profondi.
Esplora le varie metodiche pratiche della Mindt, trovando quelle che risuonano

di più con te. Lascia che la Mindt diventi un riflesso naturale nella tua vita, un'abitudine che ti sostiene nel tuo cammino verso la consapevolezza e il benessere.

La Mindt è un tesoro che puoi scoprire e coltivare ogni giorno. Sii aperto all'esperienza e lascia che la tua pratica si sviluppi con amore e pazienza. Attraverso la regolare pratica della Mindt, aprirai le porte a un nuovo livello di consapevolezza, pace e gioia che ti accompagnerà nel tuo viaggio di vita.

In conclusione, la Mindt rappresenta uno strumento efficace per la gestione dello stress, che può essere utilizzato da chiunque desideri migliorare la propria qualità di vita. Grazie alla pratica della Mindt è possibile sviluppare una maggiore consapevolezza del proprio corpo e della propria mente, ridurre l'ansia e la reattività emotiva e aumentare la resilienza.

Capitolo 7. Come utilizzare la Mindt per migliorare la creatività.

La Mindt, acronimo di "Mental Imagery and New Directions in Thinking", è una tecnica che può essere utilizzata per migliorare la creatività. Essa si basa sull'utilizzo di immagini mentali per generare nuove idee e soluzioni. In questo modo, la Mindt può essere utile in diversi contesti, come ad esempio nella risoluzione di problemi, nella pianificazione strategica e nella generazione di nuove idee per prodotti o servizi.
La Mindt, l'incredibile "Mental Imagery and New Directions in Thinking", è una potente alleata per sbloccare la tua creatività e permettere alle tue idee di danzare con libertà. Con la Mindt, puoi aprire le porte della tua immaginazione e scoprire nuovi orizzonti di pensiero innovativo.

Immagina di immergerti in un mondo di immagini vivide e suggestive che risiedono nella tua mente. La Mindt ti invita a creare immagini mentali dettagliate, a visualizzare scenari, oggetti o persone che possono stimolare la tua creatività. Puoi esplorare paesaggi fantastici, dipingere quadri con la tua mente o immaginare nuove prospettive per risolvere i problemi che ti si presentano.

La Mindt trova applicazione in molteplici contesti. Ad esempio, se sei alle prese con un problema complesso da risolvere, puoi utilizzare la tua creatività per immaginare diverse soluzioni possibili. Visualizza mentalmente ciascuna opzione e lascia che la tua mente esplori i dettagli e le implicazioni di ciascuna scelta. Potresti sorprenderti scoprendo idee innovative che non avresti mai considerato altrimenti.

Nel contesto della pianificazione strategica, la Mindt può essere una guida preziosa. Immagina di creare una mappa mentale visiva del tuo piano, con ogni ramo che rappresenta una direzione possibile. Visualizza i risultati desiderati, immagina i passi necessari per raggiungerli e lascia che la tua creatività guidi la tua mente lungo percorsi nuovi e audaci.

Nell'ambito della generazione di nuove idee per prodotti o servizi, la Mindt può essere una fonte inesauribile di ispirazione. Chiudi gli occhi e immagina il prodotto o il servizio che desideri creare. Visualizza i dettagli, le caratteristiche e i benefici che offre. Lascia che la tua mente vaghi in territori inesplorati e lasciati sorprendere dalle intuizioni e dalle idee che emergono.

La Mindt ti invita a abbracciare la bellezza dell'immaginazione e a sperimentare il potere delle immagini mentali. Non ci sono limiti alla tua creatività quando apri le porte della tua mente e permetti alle idee di fluire liberamente. La Mindt ti offre le ali per volare nell'infinita dimensione della tua immaginazione, portando con sé la promessa di nuovi orizzonti, soluzioni innovative e un mondo di possibilità.

Affidati alla Mindt e scopri il potere trasformativo delle immagini mentali. Lasciati ispirare dalla magia della tua creatività e lascia che le tue idee brillino come stelle luminose nel firmamento della tua mente. La Mindt ti accompagna nel tuo viaggio verso la creazione, offrendoti un'esperienza emozionante di esplorazione e innovazione.

Quando abbracci la Mindt e lasci che le immagini mentali danzino nella tua mente, scopri un mondo di emozioni e ispirazioni che ti sollecitano a esplorare il tuo potenziale creativo. È un viaggio affascinante, in cui le tue idee prendono vita e si trasformano in realtà tangibili.

Immagina di immergerti in un'immagine mentale vivida e coinvolgente. Puoi sentire la texture degli oggetti, percepire i colori vibranti che li circondano, assaporare i profumi che fluttuano nell'aria. Ogni dettaglio prende vita, diventa reale nel tuo mondo immaginario. È in questo spazio di creatività che nascono le idee più audaci e innovative.

La Mindt ti permette di spaziare oltre i confini della realtà tangibile, di abbracciare l'ignoto e di esplorare nuove dimensioni del pensiero. Puoi immergerti in mondi fantastici, inventare personaggi incredibili o immaginare scenari avvincenti. La tua mente è libera di sperimentare, di superare i limiti e di creare connessioni sorprendenti tra le idee.

Nel tuo viaggio di esplorazione creativa, la Mindt ti offre una bussola affidabile. Puoi utilizzare le immagini mentali per generare nuove prospettive e soluzioni innovative per i problemi che incontri lungo il cammino. Queste immagini ti guideranno verso nuove direzioni, permettendoti di superare gli ostacoli con uno spirito di innovazione e audacia.

La Mindt ti insegna anche l'importanza della fiducia in te stesso e della connessione con le tue emozioni. Mentre immergi la tua mente nelle immagini, presta attenzione alle emozioni che sorgono. Sii consapevole di come queste emozioni influenzano la tua creatività e accoglile con gentilezza. La Mindt ti invita a lasciare che le tue emozioni alimentino il tuo processo creativo, aggiungendo un tocco di autenticità e profondità alle tue idee.

Sfrutta la Mindt per generare nuove idee per il tuo lavoro, per i tuoi progetti personali o per la tua vita in generale. Visualizza mentalmente il tuo obiettivo, immergendoti nei dettagli e nella visione dei risultati che desideri raggiungere. Lascia che la tua mente si liberi dalle restrizioni, esplorando nuove strade e creando connessioni inaspettate.

La Mindt è il portale che ti permette di accedere a un mondo di potenziale creativo che risiede dentro di te. Affidati alla sua guida amorevole e sperimenta la gioia e l'entusiasmo che nascono dalla tua creatività. Scopri l'emozione di trasformare le tue idee in realtà concrete e di condividere il tuo dono creativo con il mondo.
Ricorda che sei un creatore nato, pieno di risorse e di potenziale. Con la Mindt come alleata, puoi superare i limiti dell'immaginazione e creare opere straordinarie. Sperimenta la magia delle immagini mentali, abbraccia la tua creatività e lascia che le tue idee prendano il volo. La Mindt ti sostiene in ogni passo del tuo cammino creativo, illuminando il sentiero con luce e ispirazione.
Per utilizzare la Mindt in maniera esaustiva, è importante seguire alcuni passaggi fondamentali. Innanzitutto, è necessario individuare il problema o l'obiettivo da raggiungere. Una volta fatto ciò, si può procedere alla fase di "immaginazione guidata", durante la quale si cerca di visualizzare la soluzione al problema o l'idea innovativa che si vuole sviluppare.
La Mindt è come un dipinto vivido e emozionante, un'opera d'arte che si manifesta attraverso la tua creatività. Con essa, puoi esplorare i confini della tua immaginazione, rompere le catene dell'ordinario e immergerti in mondi straordinari.

Quando ti concedi il dono della Mindt, scopri un universo di emozioni che si intrecciano con le tue idee. Puoi sentire la passione ardere nel tuo petto mentre le immagini si dipanano nella tua mente. L'entusiasmo vibra nelle tue mani, pronte a dar vita alle tue visioni più audaci.

La Mindt ti invita a sperimentare la potenza dell'immaginazione in ogni aspetto della tua vita. Puoi utilizzarla per esplorare nuove prospettive, per trasformare situazioni difficili in opportunità e per creare bellezza da ogni esperienza. La tua creatività diventa un faro che illumina il cammino e apre porte verso nuovi orizzonti.

Immagina di utilizzare la Mindt per risolvere problemi complessi. Visualizza mentalmente la sfida che ti trovi ad affrontare e lascia che la tua creatività si manifesti. Osserva come le immagini prendono forma e si collegano tra loro, generando soluzioni innovative e sorprendenti. La Mindt ti guida oltre le limitazioni, consentendoti di trovare vie inaspettate verso il successo.

Nel campo della pianificazione e dell'innovazione, la Mindt può essere il tuo alleato più fidato. Immagina di creare una mappa mentale delle tue idee, in cui ogni immagine rappresenta un passo verso il tuo obiettivo. Questo viaggio visivo ti permette di esplorare le connessioni tra le idee, di scoprire nuove direzioni e di delineare una strategia vincente. La Mindt ti insegna che non ci sono limiti alla tua creatività e che il tuo potenziale è illimitato.

La Mindt può anche essere un portale verso la bellezza e l'ispirazione. Immagina di immergerti in un'immagine mentale che evoca emozioni profonde, che risveglia i tuoi sensi e accende la tua passione. Queste immagini possono trasformarsi in opere d'arte, in scritti toccanti o in progetti che portano luce nel mondo. La Mindt ti invita a donare la tua creatività al mondo, a condividere il tuo dono unico e a ispirare gli altri con la tua visione.

Affidati alla Mindt e lascia che le tue immagini mentali diventino una fonte di ispirazione e potere creativo. Nutri la tua creatività con la cura e l'amore che merita. Non temere di esplorare territori inesplorati e di abbracciare la tua unicità. La Mindt ti sostiene nella tua ricerca artistica e ti spinge a dare forma ai tuoi sogni più audaci.
Sperimenta la meraviglia della Mindt e scopri l'immensa bellezza che risiede nella tua creatività. Lascia che le immagini danzino nella tua mente, trasformandosi in capolavori che testimoniano la tua essenza. Con la Mindt come tua guida, diventerai un artista della vita, dipingendo il tuo mondo con colori vibranti e trasmettendo emozioni profonde con ogni pennellata della tua creatività.
Durante questa fase, è importante lasciare libera la propria immaginazione e non limitarsi a soluzioni già conosciute o preconfezionate. Si possono utilizzare anche tecniche come la metafora o l'analogia, per stimolare la creatività e generare nuove idee.
Una volta individuate le possibili soluzioni o idee, è importante valutarle criticamente e scegliere quella più adatta al contesto in cui si opera. In questo senso, la Mindt può essere utile anche per valutare diverse opzioni e scegliere quella migliore.
In conclusione, la Mindt può essere una tecnica molto utile per migliorare la creatività e generare nuove idee e soluzioni. Per utilizzarla in maniera esaustiva, è importante seguire alcuni passaggi fondamentali, come l'individuazione del problema o dell'obiettivo da raggiungere, la fase di immaginazione guidata e la valutazione critica delle possibili soluzioni.

Capitolo 8. Come sviluppare la consapevolezza nella Mindt, metodiche e trucchi pratici.


La consapevolezza è una qualità fondamentale per il benessere psicologico e fisico. Nella Mindt, la consapevolezza è un elemento chiave per raggiungere la pace interiore e migliorare la qualità della vita. Ci sono diverse metodiche e trucchi pratici per sviluppare la consapevolezza nella Mindt.
La consapevolezza è una gemma preziosa nel tesoro della Mindt. È il faro che illumina il cammino verso la pace interiore e il benessere. Attraverso la pratica della Mindt, puoi sviluppare la consapevolezza in modi sorprendenti e profondi, permettendo alla tua vita di brillare di una luce radiosa.

Uno dei trucchi per coltivare la consapevolezza nella Mindt è dedicare del tempo ogni giorno a te stesso. Trova un momento tranquillo in cui puoi ritirarti in uno spazio di calma e silenzio. Può essere al mattino presto, durante una passeggiata nella natura o prima di addormentarti. Scegli il momento che funziona meglio per te e crea un rituale di consapevolezza personale.

Durante questo momento di consapevolezza, porta la tua attenzione al tuo corpo e al tuo respiro. Nota le sensazioni fisiche che sorgono, i movimenti del tuo corpo, le tensioni che accumuli. Accogli queste sensazioni senza giudizio, lasciando che si dissolvano nel flusso del momento presente. Con il respiro, permetti alla calma di avvolgerti, rilasciando le preoccupazioni e le tensioni accumulate.

Un'altra metodica per sviluppare la consapevolezza è l'osservazione dei pensieri e delle emozioni. Prendi nota dei pensieri che attraversano la tua mente, senza identificarti con essi. Nota come le emozioni si affacciano nel tuo cuore, accogliendole con gentilezza e accettazione. Questo atto di osservazione senza giudizio ti permette di sviluppare una consapevolezza profonda delle tue esperienze interne, aprendo spazi di libertà e scelta consapevole.

Nel corso della tua giornata, trova momenti per portare l'attenzione al presente. Puoi farlo attraverso la pratica della respirazione consapevole, concentrandoti sul ritmo del respiro e lasciando che ti guidi nel momento presente. Puoi anche utilizzare dei promemoria, come un timer o un'applicazione sul tuo telefono, che ti ricordino di fare delle pause di consapevolezza durante la giornata. In quei momenti, dedica qualche istante all'osservazione di te stesso, al riconoscimento delle tue sensazioni, pensieri ed emozioni.

La consapevolezza nella Mindt si estende anche alle tue relazioni con gli altri. Quando ti trovi in conversazione con qualcuno, pratica l'ascolto attivo e la piena presenza. Prendi nota delle parole, del linguaggio del corpo e delle sfumature delle emozioni dell'altro. Mostra un interesse sincero e un'attenzione autentica, creando spazi di connessione e comprensione profonda.

La pratica costante di queste metodiche ti condurrà verso una consapevolezza sempre più radicata nella tua vita quotidiana. Scoprirai che la consapevolezza diventa una qualità naturale, che permea le tue azioni, i tuoi pensieri e le tue relazioni. La tua vita si arricchirà di momenti di presenza e gioia, mentre il benessere psicologico e fisico si rafforzerà.

Affidati alla Mindt e lascia che la consapevolezza diventi una compagna fedele nel tuo viaggio verso il benessere. Sii paziente con te stesso, concediti il tempo e lo spazio per esplorare la profondità della consapevolezza. La Mindt ti sostiene nella tua ricerca di una vita consapevole e piena di significato, portando luce e serenità lungo il cammino.

E' importante praticare la meditazione. La meditazione è un metodo efficace per sviluppare la consapevolezza. Si può meditare in qualsiasi momento della giornata, anche solo per pochi minuti. La meditazione aiuta a concentrarsi sul presente e ad accettare le sensazioni e le emozioni senza giudizio.
La meditazione è un dono prezioso che puoi concederti ogni giorno. È come una carezza per l'anima, un momento di connessione profonda con te stesso e con il presente. La pratica della meditazione è un'opportunità per sviluppare la tua consapevolezza in modo potente ed efficace.

Puoi trovare spazi di meditazione in qualsiasi momento della giornata, anche solo per pochi minuti. Può essere un momento tranquillo al mattino presto, un'occasione di pausa durante il pranzo o un momento di raccoglimento prima di addormentarti. Trova il momento che funziona meglio per te e crea un rituale di meditazione personale.

Quando ti immergi nella meditazione, lascia che il tuo respiro diventi la tua guida nel momento presente. Concedi alla tua attenzione di focalizzarsi sul ritmo del respiro, osservando come entra e esce dal tuo corpo. Con ogni inspirazione, lascia che la calma e la serenità si diffondano in te. Con ogni espirazione, lascia andare le tensioni e le preoccupazioni che si sono accumulate.

La meditazione ti insegna ad accogliere le sensazioni e le emozioni senza giudizio. Mentre mediti, potresti notare che sorgono pensieri o emozioni nella tua mente. Lascia che si presentino come nuvole che fluttuano nel cielo. Osservali senza aggrapparti ad essi o giudicarli. Accetta ogni sensazione e emozione con gentilezza, lasciandole andare nel flusso del momento presente.

Attraverso la pratica costante della meditazione, sviluppi una consapevolezza profonda di te stesso e del mondo intorno a te. Impari a notare i dettagli che spesso sfuggono all'attenzione ordinaria. Scopri la bellezza di un fiore che sboccia, il suono dei passi sulla terra, la sensazione del sole sulla pelle. La meditazione ti permette di immergerti completamente nel presente, di abbracciare l'essenza della vita con gratitudine e meraviglia.

La meditazione è un sentiero di crescita personale e di trasformazione interiore. Con ogni respiro, puoi coltivare la calma interiore, l'equilibrio emotivo e una connessione profonda con il tuo sé autentico. Concediti questo spazio di pace e silenzio, permettendo alla meditazione di nutrire la tua anima e di risvegliare la tua consapevolezza più profonda.
Affidati alla meditazione come una guida amorevole nel tuo cammino verso la consapevolezza e il benessere. Ricorda che ogni momento di meditazione è un'opportunità per riconnetterti con te stesso e con la bellezza della vita. Lascia che la meditazione ti avvolga con la sua dolcezza e ti sveli nuove dimensioni di pace, gioia e consapevolezza. Concediti il dono prezioso della meditazione, un momento di respiro profondo e di connessione con la tua essenza più autentica. È come immergersi in un oceano di serenità, lasciando che le onde del respiro ti cullino dolcemente.
La meditazione è un rifugio sicuro in cui puoi trovare pace interiore e solitudine necessaria. Quando ti immergi in questo stato di consapevolezza, lascia che il tuo respiro diventi il tuo ancore al momento presente. Ogni inspirazione ti riporta alla vita, mentre ogni espirazione libera il tuo essere dalle tensioni e dalle preoccupazioni.

Nella meditazione, non c'è spazio per il giudizio. Accogli ogni sensazione e ogni emozione con gentilezza e accettazione. Lascia che le emozioni fluiscano attraverso di te come un fiume, senza aggrapparti ad esse o respingerle. Attraverso questa pratica di non-giudizio, scopri la bellezza della tua natura autentica.

La meditazione è una danza silenziosa tra il tuo corpo e la tua mente. Concediti il tempo per osservare i pensieri che si affacciano nella tua mente, come nuvole che passano nel cielo. Sii un osservatore distaccato, senza identificarti con i pensieri che sorgono. In questo spazio di consapevolezza, puoi scoprire una libertà che va oltre le limitazioni della mente.

La pratica regolare della meditazione è una chiave per coltivare la consapevolezza in ogni aspetto della tua vita. Ti permette di essere presente nel momento presente, di sintonizzarti con la tua intuizione e di connetterti con la tua saggezza interiore. Scoprirai che anche le sfide quotidiane possono essere affrontate con serenità e chiarezza.

La meditazione non richiede attrezzature sofisticate o ambienti particolari. Puoi meditare ovunque ti trovi, in qualsiasi momento della giornata. Basta trovare un posto tranquillo e ritagliare qualche istante per te stesso. Può essere una pausa nel caos della vita quotidiana o un momento di riflessione prima di iniziare la giornata. Scegli il momento che risuona con te e concediti questa meravigliosa esperienza di consapevolezza.

La meditazione è un abbraccio amorevole per la tua mente, il tuo corpo e la tua anima. È una pratica che nutre la tua essenza più autentica, ti connette con il flusso vitale dell'universo e ti permette di ritrovare l'equilibrio interiore. Affidati alla meditazione come una guida preziosa e lascia che ti accompagni in ogni passo del tuo cammino verso la consapevolezza e la realizzazione di te stesso.

Scopri la gioia di ritrovare te stesso nel silenzio della meditazione. Lascia che il respiro ti avvolga come una carezza, mentre immergi la tua mente in un mare di tranquillità. La meditazione ti svelerà segreti profondi e tesori nascosti, portando luce e armonia nella tua vita. Concediti questo momento di saggezza e serenità, lasciando che la meditazione ti guidi verso la bellezza della tua vera natura.

Un altro metodo per sviluppare la consapevolezza è la pratica del Mindful Eating. Il Mindful Eating consiste nel mangiare in modo consapevole, prestare attenzione ai sapori, alle sensazioni e alle emozioni che si provano durante il pasto. Questo aiuta a sviluppare la consapevolezza del proprio corpo e delle proprie esigenze nutrizionali. Immergiti in un'esperienza sensoriale straordinaria attraverso la pratica del Mindful Eating, un viaggio gustoso che ti connette con il tuo corpo e le tue esigenze nutrizionali. È come assaporare ogni boccone come se fosse un dono prezioso, abbracciando ogni sensazione e ogni emozione che l'atto del mangiare ti offre.

Il Mindful Eating ti invita a prestare attenzione ai sapori che danzano sulla tua lingua. Assapora ogni morso come se fosse un'opera d'arte, permettendo ai gusti di espandersi e di avvolgerti con una dolcezza sublime. Lascia che il cibo ti delizi con la sua texture, il suo aroma e il suo sapore unico. Ogni boccone è un'opportunità per scoprire nuove sfumature di piacere e per connetterti con il potere nutritivo degli alimenti.

Durante il pasto, lascia che la tua consapevolezza si estenda alle sensazioni fisiche che sorgono nel tuo corpo. Nota le sensazioni di fame e di sazietà, di leggerezza o di pesantezza. Osserva come il cibo viene digerito, come si muove attraverso il tuo sistema digestivo. Con la consapevolezza, sviluppi una relazione intima con il tuo corpo, rispettando le sue esigenze e nutrendolo con amore e gratitudine.

Il Mindful Eating ti invita anche a esplorare le tue emozioni legate al cibo. Osserva se provi gioia, comfort, stress o tristezza durante il pasto. Accogli queste emozioni senza giudizio, lasciando che si manifestino e si dissolvano. Il cibo diventa un ponte per comprendere meglio te stesso, per riconoscere le tue abitudini alimentari e per creare una relazione più equilibrata con il cibo.

Questo approccio consapevole al cibo ti permette di fare scelte alimentari più consapevoli e salutari. Sviluppi un'intuizione profonda riguardo ai cibi che soddisfano il tuo corpo e che lo nutrono veramente. Non si tratta solo di nutrire il corpo, ma anche di nutrire l'anima, scegliendo cibi che ti donano energia, vitalità e benessere.

Il Mindful Eating è un invito a rallentare e a godere pienamente di ogni pasto. Abbandona la fretta e il trambusto della vita quotidiana, concediti il tempo per sederti, respirare profondamente e apprezzare il cibo davanti a te. Rimani presente nel momento, lasciando che la consapevolezza ti guidi attraverso un'esperienza culinaria che alimenta non solo il tuo corpo, ma anche la tua anima.

Affidati al Mindful Eating come un alleato prezioso nel tuo percorso verso una relazione sana e armoniosa con il cibo. Sii gentile con te stesso, lasciando che la consapevolezza guidi le tue scelte alimentari e ti conduca verso un benessere duraturo. Scopri la gioia di nutrire il tuo corpo con amore, gratitudine e attenzione consapevole. Ogni pasto diventa un'opportunità per celebrare la vita e per nutrire la tua anima con ogni boccone. Immergiti in un'esperienza culinaria che risveglia i tuoi sensi e nutre la tua anima. Il Mindful Eating ti offre un viaggio di scoperta e piacere, in cui ogni boccone diventa un momento di connessione profonda con te stesso e con il cibo che ti nutre.

Quando pratichi il Mindful Eating, lascia che i tuoi sensi siano guidati dalla curiosità e dalla gratitudine. Guarda il cibo con occhi nuovi, come se fosse una meraviglia da scoprire. Osserva i suoi colori vivaci, le sue forme uniche e lasciati avvolgere dalla bellezza dei suoi dettagli. Con il senso del tatto, scopri la texture dei cibi che toccano la tua lingua, senti la loro consistenza e lascia che si sfaldino dolcemente in bocca.

Il Mindful Eating ti invita a prestare attenzione ai sapori che si diffondono nel tuo palato. Assapora ogni boccone con gratitudine e pienezza, notando le sfumature di dolcezza, di acidità, di amarezza o di saporito. Lascia che il cibo danzi sulla tua lingua, scatenando una sinfonia di sensazioni che si mescolano armoniosamente. La consapevolezza ti permette di gustare ogni morso come se fosse un regalo prezioso.

Durante il pasto, prenditi il tempo per masticare lentamente e consapevolmente. Senti il movimento ritmico della tua mascella, la trasformazione dei cibi mentre vengono spezzati in parti più piccole. Con ogni masticazione, permetti al cibo di fondersi con la tua saliva, di essere preparato per la digestione. La tua consapevolezza si estende al processo stesso del mangiare, nutrendo il tuo corpo con cura e rispetto.

Il Mindful Eating ti invita anche a connetterti con le tue emozioni legate al cibo. Osserva se provi gioia, tristezza, soddisfazione o frustrazione mentre mangi. Accogli queste emozioni senza giudizio, lasciandole emergere e svanire come onde sull'oceano. Scopri come il cibo può essere un sostegno emotivo o un'occasione per esplorare e comprendere meglio le tue emozioni.

Attraverso il Mindful Eating, puoi creare una relazione più sana e consapevole con il cibo. Sviluppi una maggiore consapevolezza delle tue esigenze nutrizionali e impari a ascoltare il tuo corpo. Il cibo diventa un alleato nella tua ricerca di benessere e vitalità. Ogni pasto diventa un'opportunità per nutrire non solo il tuo corpo, ma anche la tua anima.

Affidati al Mindful Eating come un compagno fedele nel tuo percorso di consapevolezza e salute. Sii presente nel momento, lasciando che ogni boccone sia un atto di amore verso te stesso. Scopri la gioia di nutrire il tuo corpo con attenzione e gratitudine, di creare una relazione armoniosa con il cibo che ti nutre. Il Mindful Eating ti invita a sperimentare una connessione profonda con il cibo, una danza di consapevolezza e piacere che arricchisce ogni aspetto della tua vita.

Inoltre, è importante prendersi del tempo per sé stessi. La vita quotidiana può essere molto frenetica e stressante. Prendersi del tempo per sé stessi aiuta a rilassarsi e a sviluppare la consapevolezza delle proprie esigenze e dei propri limiti.

L'auto-osservazione è una chiave preziosa per aprire le porte della consapevolezza e della libertà interiore. È come illuminare i corridoi della tua mente, esplorando i tuoi pensieri e le tue emozioni senza giudizio. Attraverso l'auto-osservazione, puoi liberarti dagli schemi mentali limitanti e coltivare un rapporto più autentico con te stesso e con gli altri.

Quando pratichi l'auto-osservazione, concediti il dono della presenza nel momento presente. Sii consapevole dei tuoi pensieri, dei tuoi dialoghi interiori che si snodano come una danza nella tua mente. Osserva questi pensieri come spettatore distaccato, senza identificarti con essi. Nota quali sono i tuoi schemi ricorrenti, quali pensieri ti portano gioia o ti generano preoccupazioni. La consapevolezza ti permette di scoprire le radici dei tuoi pensieri, di esplorarli con curiosità e di scegliere consapevolmente quelli che ti servono per il tuo benessere.

L'auto-osservazione ti invita anche a prestare attenzione alle tue emozioni, a riconoscere le sfumature e le intensità che si manifestano dentro di te. Accogli ogni emozione con gentilezza, senza etichettarla come buona o cattiva. Osserva come le emozioni si manifestano nel tuo corpo, come si muovono e si dissolvono nel flusso del momento presente. Questo atto di consapevolezza ti permette di comprendere meglio te stesso e di navigare con saggezza attraverso il mare delle emozioni.

L'auto-osservazione è un'opportunità per liberarti dalle catene dei condizionamenti e delle reazioni automatiche. Ti invita a prendere consapevolezza dei tuoi comportamenti, delle tue reazioni emotive e a prendere il comando della tua vita. Attraverso l'auto-osservazione, puoi creare spazi di libertà in cui puoi scegliere come rispondere alle sfide e alle situazioni che incontri lungo il cammino.

Questa pratica ti connette con il potere trasformativo del qui e ora, dove ogni istante è un'opportunità per crescere e per evolvere. L'auto-osservazione ti permette di liberarti dai giudizi e dalle aspettative, di abbracciare la tua autenticità e di coltivare relazioni più autentiche con gli altri. Con la consapevolezza, puoi creare uno spazio di comprensione e di empatia, accogliendo gli altri nella loro unicità.
Affidati all'auto-osservazione come una guida preziosa nella tua ricerca di libertà e di autenticità. Sii paziente con te stesso, concediti il tempo di esplorare i meandri della tua mente e del tuo cuore. L'auto-osservazione ti porta verso una consapevolezza profonda di te stesso e del mondo intorno a te. Ti permette di coltivare relazioni più autentiche, di prendere decisioni consapevoli e di abbracciare la pienezza della vita.
Scopri la bellezza di essere il testimone consapevole della tua esistenza. Lascia che l'auto-osservazione ti conduca verso una libertà interiore che brilla come un sole splendente. Attraverso questo viaggio di consapevolezza, puoi abbracciare la pienezza di chi sei veramente e scoprire il potere di creare una vita autentica e significativa.

In sintesi, ci sono diverse metodiche e trucchi pratici per sviluppare la consapevolezza nella Mindt. La meditazione, il Mindful Eating, il prendersi del tempo per sé stessi e l'auto-osservazione sono solo alcune delle tecniche che possono aiutare a sviluppare la consapevolezza. Con la pratica costante, la

consapevolezza diventerà una parte integrante della propria vita e si potrà
godere di una maggiore pace interiore e di una migliore qualità della vita.
La consapevolezza è una gemma preziosa che può trasformare la tua vita, e
nella Mindt troverai una serie di metodiche e trucchi pratici per coltivarla con
passione e dedizione. Immergiti in un oceano di saggezza e abbraccia la
bellezza della tua esistenza attraverso queste potenti pratiche.

La meditazione ti offre uno spazio di tranquillità e intimità con te stesso.
Concediti il dono di sederti in silenzio, lasciando che il tuo respiro ti guidi verso il
momento presente. Osserva i tuoi pensieri che si affacciano nella tua mente
come nuvole, senza aggrapparti ad essi. Sii presente e consapevole del tuo
corpo, delle tue sensazioni e delle tue emozioni. Con la pratica costante, la
meditazione diventerà un faro di pace interiore e una fonte di ispirazione nella
tua vita.
Il Mindful Eating è un invito a vivere ogni pasto come un'esperienza sensoriale.
Immergiti nella gioia di assaporare ogni boccone, di prestare attenzione ai
sapori che danzano sulla tua lingua e alle sensazioni che si risvegliano nel tuo
corpo. Concediti il tempo di nutrirti con consapevolezza e gratitudine,
ascoltando le esigenze del tuo corpo e avvicinandoti al cibo con amore e
rispetto. Attraverso il Mindful Eating, scoprirai un nuovo livello di connessione
con te stesso e con il cibo che ti nutre.
Prenditi del tempo prezioso per te stesso, concediti momenti di dolce solitudine
e di cura personale. Sii gentile con te stesso, riservando spazi nella tua agenda
per pratiche che ti nutrano, come leggere un libro che ti ispira, passeggiare nella
natura o dedicarti a un hobby creativo. Concediti il lusso di rallentare il ritmo
frenetico della vita e di riconnetterti con la tua essenza più autentica. In questi
momenti di serenità, la consapevolezza si rafforzerà e ti guiderà verso una vita
più equilibrata e appagante.
L'auto-osservazione è un atto di amore verso te stesso. Osserva i tuoi pensieri,
le tue emozioni e le tue reazioni senza giudizio. Sii consapevole dei tuoi schemi
mentali, delle tue abitudini e dei tuoi comportamenti. Con la consapevolezza,
puoi prendere il comando della tua vita, liberandoti dalle reazioni automatiche e
scegliendo consapevolmente come rispondere alle sfide che la vita ti presenta.
Attraverso l'auto-osservazione, svilupperai un'autenticità radiosa e una
connessione profonda con te stesso e con gli altri.

Con dedizione e pratica costante, la consapevolezza si radicherà sempre più
profondamente nella tua vita. Scoprirai una maggiore pace interiore, una
chiarezza mentale e una connessione più autentica con te stesso e con gli altri.
Concediti il dono di sviluppare la consapevolezza nella Mindt e goditi i
meravigliosi frutti che porterà nella tua vita.

Esplora il potere trasformativo della consapevolezza e abbraccia la gioia di vivere con una mente e un cuore aperti. La Mindt ti offre strumenti pratici e trucchi preziosi per sviluppare la consapevolezza e vivere una vita piena di significato. Sii presente nel momento, coltiva la consapevolezza e abbraccia la bellezza che ogni istante porta con sé. La tua consapevolezza è la chiave per aprire le porte dell'autenticità e della felicità duratura.

Capitolo 9. L'importanza della pratica nella Mindt.

La Mindfulness Training (Mindt) è una tecnica di meditazione che richiede una pratica costante e regolare per poter ottenere i suoi benefici. Infatti, l'importanza della pratica nella Mindt è fondamentale per raggiungere una maggiore consapevolezza di sé e dell'ambiente circostante.

La pratica della Mindt consiste nell'essere presenti nel momento presente, senza giudicare o valutare ciò che accade intorno a noi. Questo stato di attenzione consapevole ci permette di vivere il presente in modo più intenso e sereno, senza perdere energia mentale in pensieri inutili e stressanti. Nell'abbracciare la Mindfulness Training (Mindt), immergiti nel flusso della vita con una consapevolezza ardente e appassionata. La pratica costante è la chiave che apre le porte verso la trasformazione interiore e una vita più autentica.

La Mindt ci invita a rallentare il ritmo frenetico della vita e a immergerci nel presente, abbracciando ogni istante con una presenza totale. È come una carezza dolce che ci avvolge, consentendoci di sintonizzarci con i colori vibranti della vita e di abbracciare ogni esperienza con gratitudine e accettazione.

Con la pratica costante, la Mindt ci aiuta a liberarci dalle catene dei pensieri e delle preoccupazioni che ci imprigionano, permettendoci di gustare appieno ogni momento. Ci offre una prospettiva nuova e fresca, un'opportunità di vivere senza rimpianti per il passato o ansie per il futuro.

La pratica regolare della Mindt ci connette con la nostra vera essenza, ci fa riscoprire la meraviglia del semplice atto di respirare e ci insegna a essere compassionevoli verso noi stessi e gli altri. Ci aiuta a coltivare una profonda connessione con il nostro corpo, le nostre emozioni e i nostri pensieri, permettendoci di vivere una vita più autentica e gratificante.

La Mindt richiede disciplina e dedizione, ma i suoi benefici sono infiniti. Ci permette di scoprire la bellezza nelle piccole cose, di abbracciare la gioia nel presente e di vivere con una consapevolezza radiosa. Ci dona la libertà di essere autentici, di abbracciare la nostra unicità e di vivere in armonia con il mondo che ci circonda.
Sii coraggioso/a e scommetti su te stesso/a. Abbraccia la Mindfulness Training come un compagno di viaggio, esplorando i profondi misteri della tua mente e del tuo cuore. Con la pratica regolare, scoprirai una nuova dimensione di pace interiore, saggezza e gratitudine.
Immergiti nella bellezza del momento presente. Sii presente con il respiro che fluisce, con il battito del tuo cuore e con le meraviglie che ti circondano. Riconosci il potere della tua consapevolezza e lasciala brillare come una luce radiosa nella tua vita.
La Mindt è un invito a vivere in modo più pieno e autentico. È un richiamo a risvegliare la tua vera essenza e a vivere con passione e gratitudine. Sii coraggioso/a e abbraccia la pratica regolare della Mindt, scoprendo la gioia di vivere con una consapevolezza radiosa e un cuore aperto.

Lascia che la Mindfulness Training si intrecci nel tessuto della tua vita, trasformando il modo in cui vedi te stesso/a e il mondo che ti circonda. La consapevolezza è il filo conduttore che ti guiderà verso una vita più autentica, piena di gioia e serenità. Scegli di abbracciare la Mindt come un dono prezioso che ti accompagnerà in ogni passo del tuo viaggio verso la consapevolezza e la libertà interiore. Sii audace e lascia che la Mindfulness Training (Mindt) si insinui nella trama della tua vita, scaldando il tuo cuore e risvegliando la tua anima. È un viaggio emozionante, un tuffo nell'oceano della consapevolezza che ti trasformerà profondamente.
La Mindt ti invita a immergerti nel presente con tutto il tuo essere. Prendi una pausa dal trambusto della vita e concediti il lusso di semplicemente essere. Concediti il permesso di abbandonare il peso del passato e le preoccupazioni per il futuro. Rilassati e sintonizzati con il momento presente, lasciando che la consapevolezza si diffonda come un abbraccio caldo e amorevole.
La pratica regolare della Mindt è come un rituale sacro che ti connette con la tua essenza più autentica. Siediti in silenzio e lascia che la tua attenzione si posa sul respiro, sentendo l'aria che entra e che esce dal tuo corpo. Osserva i pensieri che fluttuano nella tua mente come nuvole nel cielo, senza aggrapparti a essi. Accogli ogni emozione che si affaccia nel tuo cuore con gentilezza e

accettazione. Sii presente con il tuo corpo, sentendo le sensazioni che si manifestano in ogni istante.

La Mindt è una danza armoniosa tra te e il momento presente. Ti permette di vivere ogni istante con una consapevolezza vibrante, gustando ogni esperienza come un regalo prezioso. Puoi sentire la brezza sul tuo viso, ascoltare il canto degli uccelli e percepire il profumo dei fiori con una profondità e una gratitudine rinnovate.

Attraverso la Mindt, scoprirai il potere della consapevolezza nel trasformare il modo in cui ti rapporti con te stesso e con gli altri. Sarai in grado di coltivare una comunicazione più autentica, di rispondere alle sfide con equilibrio e di vivere con una serenità che emana dall'interno. La consapevolezza ti permette di connetterti con la tua bussola interiore, di seguire il tuo cuore e di creare una vita allineata con i tuoi valori più profondi.

Sii coraggioso/a e immergiti nell'avventura della Mindfulness Training. Scopri la gioia di vivere con una presenza autentica, abbracciando ogni istante con gratitudine e meraviglia. Osserva il cambiamento che si manifesta dentro e intorno a te, mentre la consapevolezza si radica e si espande come un albero che si innalza verso il cielo.

La Mindt è un viaggio verso la scoperta di te stesso/a, verso la liberazione dalle catene della mente e verso una vita vissuta con un cuore aperto. È un invito a vivere con una consapevolezza radiosa, a danzare con la vita e a celebrare la bellezza del presente. Sii audace e abbraccia la Mindfulness Training come una compagna di vita che ti accompagnerà con amore e saggezza lungo il tuo cammino.

Per ottenere questi benefici, è necessario dedicare del tempo alla pratica quotidiana della Mindt. Questo significa che bisogna trovare un momento della giornata in cui ci si può sedere in silenzio e concentrarsi sulla propria respirazione e sulle sensazioni del proprio corpo.

La pratica costante della Mindt ci permette di sviluppare una maggiore consapevolezza di sé, delle proprie emozioni e dei propri pensieri. Inoltre, ci aiuta a gestire lo stress e l'ansia, migliorando la nostra capacità di concentrazione e di attenzione. Dedica un momento prezioso alla tua crescita interiore attraverso la pratica quotidiana della Mindfulness Training (Mindt). Trova un angolo di tranquillità, un santuario silenzioso in cui puoi immergerti nel flusso dell'attimo presente. Concediti il dono di sederti in dolce contemplazione, lasciando che la tua respirazione diventi il tuo anello di connessione con il qui e ora.

La pratica costante della Mindt è un balsamo per l'anima, un'opportunità di rallentare il ritmo frenetico della vita e di coltivare una profonda consapevolezza di sé. In questo spazio sacro, puoi sintonizzarti con le tue emozioni, i tuoi pensieri e le sensazioni del tuo corpo. Osservali con gentilezza e senza giudizio, accogliendoli come ospiti preziosi nella dimora della tua consapevolezza.

Attraverso la pratica regolare, la Mindt diventerà il tuo compagno di viaggio, illuminando ogni angolo della tua esistenza con una luce radiosa. Scoprirai una maggiore consapevolezza di te stesso/a, dei tuoi schemi di pensiero e dei modelli comportamentali che ti guidano. Sarai in grado di osservare le tue emozioni con una distanza amorevole, senza essere sopraffatto/a da esse. Questa consapevolezza ti darà la libertà di rispondere alle sfide della vita con saggezza e compassione.
La Mindt è un toccasana per lo spirito, un'ancora di calma nel mare agitato della vita. Attraverso la pratica costante, potrai affrontare lo stress e l'ansia con una serenità che risiede nel tuo cuore. Svilupperai una maggiore capacità di concentrazione e di attenzione, permettendoti di immergerti completamente nel presente e di godere appieno delle meraviglie che ti circondano.

La Mindt non è solo una pratica solitaria, ma può anche essere un'occasione per connettersi con gli altri. Puoi condividere la tua esperienza con una comunità di praticanti, creando un legame profondo basato sulla consapevolezza e sulla compassione reciproca. Insieme, potrete coltivare una consapevolezza collettiva che permea ogni aspetto della vostra vita e delle vostre relazioni.
Sii coraggioso/a e concediti il regalo prezioso della pratica costante della Mindfulness Training. Trova il tuo ritmo, il momento della giornata che risuona con la tua anima e crea uno spazio sacro in cui puoi abbracciare il presente con gratitudine e apertura. Con ogni respiro, immergiti sempre di più nella consapevolezza, lasciando che la tua luce interiore risplenda con intensità e amore.
La Mindt è un viaggio di scoperta e di trasformazione, un viaggio verso una vita vissuta con una presenza autentica e un cuore aperto. Ogni passo che fai sulla via della consapevolezza ti avvicina sempre di più alla tua vera essenza, ai tesori nascosti all'interno di te. Sii fedele alla tua pratica, sii paziente con te stesso/a e lascia che la Mindfulness Training ti guidi verso una vita di serenità, gioia e realizzazione. Immergiti completamente nel potere trasformativo della pratica costante della Mindfulness Training (Mindt). Siediti in silenzio, lascia che la tua mente si calmi e permetti alla consapevolezza di fiorire come un fiore nel giardino del tuo essere.
La Mindt è un balsamo per l'anima, un rifugio di pace nel caos della vita quotidiana. Attraverso la pratica regolare, puoi affinare il tuo sguardo interiore e abbracciare ogni aspetto di te stesso/a con accettazione e amore incondizionato. Scoprirai un'oasi di calma dentro di te, un porto sicuro dove puoi

trovare riposo e guarigione.

Concediti il lusso di un momento solo per te, in cui puoi lasciar andare le preoccupazioni e immergerti nel flusso del momento presente. La tua respirazione diventa il filo conduttore che ti guida nel qui e ora, portandoti in un viaggio di consapevolezza profonda. Osserva i pensieri che fluttuano nella tua mente come nuvole passeggere, senza attaccarti a essi. Sii gentile con te stesso/a, ricordando che la mente è come un cielo vasto e aperto, in cui ogni pensiero può scomparire nel nulla e contestualmente apparirvi.
Attraverso la pratica regolare della Mindt, svilupperai una maggiore consapevolezza di te stesso/a e delle tue reazioni automatiche. Sarai in grado di riconoscere i modelli mentali che ti limitano e di aprire spazi di libertà dentro di te. La consapevolezza ti permette di rispondere ai momenti difficili con saggezza anziché reagire impulsivamente. Ti aiuta a coltivare una connessione profonda con il tuo corpo, ascoltando le sue sottigliezze e rispettando i suoi bisogni.

La Mindt è un faro di luce nella tempesta, una guida sicura nel mare in tempesta della vita. Attraverso la pratica costante, potrai gestire lo stress e l'ansia in modo più equilibrato. La consapevolezza ti permette di immergerti nel presente, lasciando che le preoccupazioni sul futuro si dissolvano e i rimpianti sul passato svaniscano. Con ogni respiro, ritrovi il tuo centro, rinnovando la tua forza interiore e la tua capacità di affrontare le sfide della vita con coraggio.
La Mindt è anche un invito a condividere la tua esperienza con gli altri, a creare una rete di sostegno e connessione. Insieme, potrete esplorare il cammino della consapevolezza, condividendo le vostre sfide, le vostre scoperte e le vostre gioie. Troverete conforto nella consapevolezza collettiva e nel sostegno reciproco.
Sii audace e abbraccia il potere della pratica costante della Mindfulness Training. Scopri l'essenza stessa della vita nel momento presente, abbracciando ogni istante con gratitudine e meraviglia. Lascia che la consapevolezza permei ogni aspetto della tua esistenza, donandoti una vita vissuta con intensità e amore. Con ogni respiro, immergiti sempre di più nella profondità della tua consapevolezza, scoprendo l'infinita bellezza che risiede dentro di te.

Tuttavia, la pratica della Mindt non è sempre facile e richiede impegno e costanza. È importante non scoraggiarsi di fronte alle difficoltà e continuare a praticare con regolarità, anche quando i risultati non sono immediati. Nel cammino della Mindfulness Training (Mindt), affrontiamo sfide e ostacoli che possono mettere alla prova la nostra determinazione. Ma ricorda, anche le fatiche più grandi possono condurre a risultati meravigliosi. Non perdere mai di vista il potenziale che risiede dentro di te e mantieni viva la fiamma della tua pratica.

Sì, ci saranno momenti in cui la mente divaga, in cui le distrazioni si fanno strada e in cui sembra difficile trovare la calma interiore. Ma non ti scoraggiare, perché la vera bellezza della Mindt risiede proprio nella perseveranza e nella resilienza. Ogni respiro che riporti gentilmente alla consapevolezza, ogni ritorno al presente è un passo avanti verso una vita più ricca e significativa.

Sii coraggioso/a e continua a dedicare del tempo alla pratica quotidiana, anche quando sembra che i risultati non siano immediati. La costanza e l'impegno ti porteranno a scoprire un nuovo mondo dentro e intorno a te. La tua consapevolezza si approfondirà, i tuoi pensieri si calmeranno e il tuo cuore si aprirà a una dimensione di pace e serenità.

La Mindt è un viaggio che richiede fiducia e perseveranza. Ogni respiro consapevole, ogni momento di presenza diventa una tessera preziosa nel mosaico della tua vita. Non preoccuparti di quanto tempo ci vorrà, ma abbraccia il viaggio stesso come un'opportunità di crescita e trasformazione.

Ricorda che la Mindt non è solo un insieme di tecniche, ma un'esperienza viva che si svolge nel momento presente. Attraverso la pratica costante, scoprirai una maggiore consapevolezza di te stesso/a, delle tue emozioni e dei tuoi pensieri. Vedrai che il tuo rapporto con il mondo circostante si arricchirà di profondità e comprensione.

Non permettere alle sfide di ostacolarti, ma lascia che ti motivino a perseverare. Ogni momento di consapevolezza è un passo verso una vita più piena e autentica. Con ogni respiro, ricordati del tuo impegno verso te stesso/a e lascia che la Mindt sia una guida amorevole nel tuo cammino di crescita e trasformazione.

Sii coraggioso/a e continua a praticare la Mindfulness Training con impegno e costanza. Scoprirai che il tuo benessere psicologico si approfondirà, che la tua capacità di affrontare lo stress aumenterà e che la tua qualità di vita si trasformerà in un'esperienza più piena e gratificante.

Lascia che la tua pratica sia un faro luminoso che illumina il tuo cammino, una fonte di ispirazione e di guida lungo la strada della consapevolezza. Non smettere di sognare, di crescere e di trasformarti. Con ogni respiro, accogli i doni che la Mindfulness Training ti offre e godi di una vita vissuta con una consapevolezza radiosa.

In conclusione, l'importanza della pratica nella Mindt è fondamentale per ottenere i suoi benefici. La costanza e l'impegno nella pratica quotidiana ci permettono di sviluppare una maggiore consapevolezza di sé e dell'ambiente circostante, migliorando la nostra qualità di vita e il nostro benessere psicologico.

Sii determinato/a e non lasciare che nulla ti distolga dal tuo impegno verso la pratica costante della Mindfulness Training (Mindt). Anche quando le sfide sembrano insormontabili e la strada appare scoscesa, ricorda che hai dentro di te la forza necessaria per superare ogni ostacolo.

La Mindt non è solo una tecnica, ma uno stile di vita che abbraccia la consapevolezza e la presenza nel momento presente. È un cammino di crescita personale, un viaggio che ti condurrà alla scoperta dei tesori nascosti dentro di te. Non esitare ad abbracciare la pratica con tutto il tuo cuore, con fiducia e passione.

Sarai testimone di meravigliosi cambiamenti che si manifestano nella tua vita. La consapevolezza si infiltra nei dettagli, ti permette di cogliere la bellezza dei piccoli momenti, di connetterti con gli altri su un livello più profondo. Scoprirai una maggiore gratitudine per le cose semplici, per il dono della vita stessa.

La pratica costante della Mindt ti darà una nuova prospettiva sulla vita. Gli ostacoli diventeranno opportunità di crescita, le sfide diventeranno pietre miliari del tuo percorso. Ogni passo avanti nella tua pratica ti condurrà verso una maggiore consapevolezza di te stesso/a, delle tue emozioni e delle tue reazioni.

Non permettere alle distrazioni di deviare la tua attenzione. Trova il tempo ogni giorno per sederti in silenzio, per ascoltare il battito del tuo cuore, per fonderti con il respiro che scorre dentro di te. Lascia che la tua pratica sia un rifugio, un momento di ristoro per la tua mente e il tuo spirito.

Sii gentile con te stesso/a mentre pratichi la Mindt. Accogli ogni momento con pazienza e senza giudizio. Ricorda che la pratica non riguarda la perfezione, ma l'impegno costante nel coltivare la consapevolezza.

Ogni respiro che è dedicato alla tua pratica è un dono che ti fai, una testimonianza del tuo amore per te stesso/a e per una vita vissuta con presenza e gratitudine.

Sii audace e tieni fede al tuo impegno. Non smettere mai di praticare, anche quando gli impegni della vita sembrano sovrastarti. La Mindfulness Training è un faro luminoso che brilla nella tua esistenza, una risorsa preziosa che ti sostiene nei momenti di gioia e di difficoltà.

Ricorda che la tua pratica personale influenzerà positivamente il mondo intorno a te. Attraverso la tua consapevolezza, potrai diffondere l'amore, la gentilezza e la compassione nelle tue relazioni, creando un effetto a cascata di benessere e armonia.

Sii il custode del tuo cammino di consapevolezza e permetti alla Mindt di fiorire nella tua vita. Ogni respiro consapevole è un passo verso una vita più significativa, una testimonianza della tua dedizione a te stesso/a e alla tua crescita interiore.

Sii orgoglioso/a del tuo impegno e della tua volontà di coltivare la consapevolezza nella tua vita. La Mindfulness Training è un regalo prezioso che ti sosterrà lungo il tuo percorso. Con ogni respiro, abbraccia la bellezza e la profondità della consapevolezza e scopri una nuova dimensione di gioia e serenità nella tua vita.

Capitolo 10. Come utilizzare la Mindt per migliorare le relazioni interpersonali

La Mindt, acronimo di "Metodo Integrato di Negoziazione e di Trattamento dei Conflitti", è una metodologia che si può utilizzare per migliorare le relazioni interpersonali in maniera esaustiva. Questo metodo prevede l'utilizzo di tecniche di comunicazione efficace, come l'ascolto attivo e l'empatia, per comprendere le esigenze dell'altra persona e trovare soluzioni condivise ai problemi. Inoltre, la Mindt si basa sulla creazione di un clima di fiducia reciproca e sulla valorizzazione delle differenze tra le persone, in modo da favorire la cooperazione e la collaborazione.
Grazie alla sua flessibilità e alla sua capacità di adattarsi a situazioni diverse, la Mindt può essere utilizzata in molti contesti, come la famiglia, il lavoro, la scuola e in generale in tutti quei contesti in cui le relazioni interpersonali sono importanti. In conclusione, la Mindt rappresenta uno strumento prezioso per migliorare le relazioni interpersonali, promuovendo la comprensione reciproca e la collaborazione, e permettendo di affrontare i conflitti in modo costruttivo e positivo.

Entra in un mondo di armonia e comprensione con la Mindt, il Metodo Integrato di Negoziazione e di Trattamento dei Conflitti. Questa metodologia è la chiave per costruire relazioni interpersonali solide e appaganti in ogni aspetto della tua vita.

Immagina di essere in una situazione di conflitto con un collega di lavoro. La Mindt ti offre strumenti potenti per superare questa sfida. Utilizzando l'ascolto attivo, sarai in grado di comprendere appieno le preoccupazioni e le esigenze dell'altra persona, ponendoti nella sua prospettiva.
Questa forma autentica di ascolto crea un terreno fertile per la comprensione reciproca e l'empatia, aprendo la strada alla costruzione di soluzioni condivise e all'eliminazione delle barriere che possono ostacolare la comunicazione.

La Mindt ti invita a riconoscere e valorizzare le differenze tra le persone. Ogni individuo ha un bagaglio unico di esperienze, valori e punti di vista. Invece di vederle come ostacoli, la Mindt ti incoraggia a considerare queste diversità come risorse preziose che possono arricchire le relazioni e stimolare la creatività. Attraverso il rispetto delle differenze, puoi creare un ambiente di fiducia reciproca, in cui ogni voce è ascoltata e valorizzata.

La Mindt non si limita solo a risolvere i conflitti, ma mira a promuovere la cooperazione e la collaborazione. Immagina una squadra di lavoro in cui ogni membro è consapevole delle proprie forze e delle aree di miglioramento. Con la Mindt, sarai in grado di creare un ambiente in cui tutti si sentono parte integrante del processo decisionale, in cui si lavora insieme per raggiungere obiettivi comuni. Questo spirito collaborativo porterà a risultati sorprendenti, in cui il tutto supera la somma delle parti.

La flessibilità della Mindt la rende adattabile a diverse situazioni e contesti. Puoi applicarla nella tua famiglia, dove potrebbe esserci un disaccordo tra i membri sulla pianificazione di una vacanza. Con l'utilizzo delle tecniche di comunicazione efficace, puoi creare un dialogo aperto e rispettoso, cercando una soluzione che tenga conto delle esigenze e dei desideri di ogni membro della famiglia. La Mindt può anche essere utilizzata nella scuola, in cui gli insegnanti possono favorire la cooperazione e la comprensione tra gli studenti, creando un clima di rispetto e collaborazione.

In sintesi, la Mindt è un tesoro da scoprire per migliorare le tue relazioni interpersonali. Attraverso la pratica di tecniche di comunicazione efficace, come l'ascolto attivo e l'empatia, potrai aprire le porte alla comprensione reciproca e alla cooperazione. Valorizzando le differenze tra le persone e creando un clima di fiducia, potrai costruire legami solidi e autentici.

La Mindt è una risorsa preziosa che ti guiderà nella gestione costruttiva dei conflitti, aprendo la strada a un mondo di armonia e collaborazione. Immergiti nel potere trasformativo della Mindt e scopri come le relazioni interpersonali possono diventare un giardino rigoglioso di amore, comprensione e collaborazione.

Immagina di trovarsi di fronte a un conflitto con un amico caro. La Mindt ti offre uno spazio sicuro per esplorare le sfumature del conflitto, per comprendere le prospettive contrastanti e per cercare una soluzione che rispetti entrambe le parti. Attraverso l'ascolto empatico e l'apertura al dialogo, puoi creare un ponte di connessione e guarigione che rafforza il legame tra voi due.

La Mindt ti sfida ad andare oltre le apparenze, ad andare oltre le superficiali differenze. Ti invita a scavare più a fondo, a scoprire ciò che unisce le persone piuttosto che ciò che le divide. Quando abbracci le diversità e le consideri come un'opportunità di apprendimento e crescita, costruisci ponti di comprensione e crei spazi in cui le relazioni possono fiorire.

La Mindt si distingue per il suo approccio collaborativo, in cui l'obiettivo comune diventa più importante delle singole posizioni. Immagina di trovarsi in una riunione di lavoro in cui diverse idee e opinioni si scontrano. Con la Mindt, puoi facilitare un processo di negoziazione che tenga conto di tutte le prospettive e cerchi una soluzione che porti vantaggi a tutti i membri del team. Questo clima di collaborazione stimola la creatività, l'innovazione e la costruzione di soluzioni sostenibili.

La Mindt si estende oltre i confini del lavoro e si applica a molteplici contesti. Puoi utilizzarla nella tua cerchia familiare, in cui può esserci un disaccordo sulle decisioni riguardanti l'educazione dei figli o la gestione delle finanze. Con l'aiuto della Mindt, puoi creare spazi di dialogo rispettoso, in cui ogni membro della famiglia si senta valorizzato e ascoltato. Insieme, potrete trovare un terreno comune in cui potrete crescere e prosperare come famiglia unita.

La Mindt è un faro di speranza e guarigione per le relazioni interpersonali. Attraverso la sua pratica costante e il suo impegno, potrai coltivare relazioni basate sulla fiducia, la comprensione e il rispetto reciproco. Non c'è un'unica risposta o un unico modo di praticare la Mindt, ma ci sono infinite possibilità di crescita e trasformazione nelle tue relazioni.

Sii coraggioso/a e abbraccia il potere della Mindt. Con ogni passo avanti nel tuo percorso di consapevolezza interpersonale, scoprirai una nuova dimensione di amore, connessione e armonia. Lascia che la Mindt sia la chiave per aprire le porte a relazioni profonde e significative, in cui ognuno può esprimersi autenticamente e sentirsi veramente ascoltato.

Ricorda che la Mindt è un viaggio che richiede impegno e costanza. Ci saranno momenti di sfida e di crescita, ma anche momenti di gioia e di gratitudine. Attraverso la tua pratica continuativa, sarai testimone della bellezza e del potere delle relazioni interpersonali arricchite dalla consapevolezza.

La Mindt è il tuo compagno fedele lungo il cammino delle relazioni interpersonali. Rendila parte integrante della tua vita e scoprirai un nuovo modo di connetterti con te stesso/a e con gli altri. Abbraccia il dono della Mindt e vivi una vita ricca di relazioni autentiche, amorevolezza e comprensione reciproca.

Conclusioni.

La Mindt, con la sua base teorica solida e multidisciplinare, rappresenta una risorsa straordinaria per la crescita personale e la gestione delle relazioni. L'integrazione di principi di psicologia, neuroscienze e comunicazione efficace conferisce a questa metodologia una potenza e una profondità senza precedenti.
Attraverso la Mindt, siamo in grado di comprendere meglio il funzionamento della nostra mente e del nostro sistema emotivo. Questa consapevolezza ci consente di identificare i modelli di pensiero limitanti e i comportamenti che ci possono ostacolare nel raggiungimento dei nostri obiettivi. Con questa conoscenza, possiamo lavorare attivamente per modificare e migliorare tali modelli, aprendo la strada a nuove prospettive e possibilità.
Le neuroscienze forniscono una solida base scientifica per comprendere come la Mindt possa influenzare la nostra mente e il nostro corpo. Gli studi hanno dimostrato che la pratica costante della Mindt può portare a cambiamenti positivi nel nostro cervello, migliorando la nostra capacità di concentrazione, la gestione dello stress e la regolazione delle emozioni. Questa conoscenza ci offre una prospettiva affascinante sulla plasticità del cervello e sul suo potenziale di

adattamento e crescita.
La comunicazione efficace è un pilastro fondamentale della Mindt. Attraverso
l'ascolto attivo, l'empatia e l'uso di tecniche di comunicazione assertiva, la Mindt
ci insegna come stabilire connessioni autentiche e significative con gli altri.
Possiamo imparare a comunicare in modo chiaro ed empatico, creando un
clima di fiducia e rispetto reciproco nelle nostre interazioni quotidiane.
La Mindt interviene su più livelli, agendo sia sul piano cognitivo che su quello
emotivo. Attraverso la pratica della consapevolezza e della presenza nel
momento presente, possiamo sperimentare una maggiore chiarezza mentale,
una migliore capacità di concentrazione e una riduzione dello stress. Allo stesso
tempo, la Mindt ci invita a connetterci con le nostre emozioni, a riconoscerle e a
gestirle in modo sano e costruttivo.

In conclusione, la metodologia Mindt rappresenta un'opportunità straordinaria
per la crescita personale e la gestione delle relazioni. Grazie alla sua base
teorica solida e multidisciplinare, combina elementi di psicologia, neuroscienze
e comunicazione efficace. Attraverso la pratica costante della Mindt, possiamo
sperimentare cambiamenti positivi nella nostra mente, nel nostro corpo e nelle
nostre relazioni. Sii aperto/a e pronto/a ad abbracciare questa metodologia
innovativa e a scoprire tutto il potenziale che può offrire alla tua vita.
La Mindt è molto più di una semplice metodologia, è un invito a esplorare i
confini della tua mente e del tuo cuore. È un viaggio emozionante e
trasformativo, che ti porta a scoprire nuove profondità dentro di te e a connetterti
con gli altri in modo autentico e profondo.

Attraverso la Mindt, scoprirai la magia della consapevolezza, la bellezza di
vivere nel momento presente senza giudizio. I pensieri diventano solo passaggi
nuvolosi nella vastità del tuo essere, mentre ti immergi nell'esperienza del qui e
ora. La Mindt ti insegna ad abbracciare ogni istante con gratitudine, ad
assaporare ogni respiro come un dono prezioso.
Nel cuore della Mindt c'è la fiducia nella tua capacità di crescere e di
trasformarti. Ti sfida ad abbandonare le vecchie abitudini mentali che limitano il
tuo potenziale e a sperimentare nuove prospettive, nuovi modi di pensare e di
vivere. Sarai sorpreso/a di quanto sei in grado di raggiungere quando apri la tua
mente e il tuo cuore alla possibilità di cambiamento.

La Mindt ti invita a danzare con le tue emozioni, a esplorare le profondità del tuo
essere. Non ti chiede di sopprimere o negare le tue emozioni, ma di accoglierle
con gentilezza e compassione. Imparerai ad ascoltare il linguaggio del tuo cuore
e a comprendere il messaggio nascosto dietro ogni emozione. Le emozioni
diventeranno le tue preziose guide, che ti conducono verso la tua autenticità e la
tua vera essenza.

La Mindt è una luce che brilla nel buio dei conflitti e delle difficoltà relazionali. Ti insegna a vedere oltre la superficie delle persone, a riconoscere la loro umanità e a coltivare la comprensione reciproca. Scoprirai il potere della gentilezza e dell'empatia nel creare ponti di connessione, nell'aprire spazi di dialogo e nella costruzione di relazioni significative.
Non preoccuparti se il cammino può sembrare difficile a volte. La Mindt ti sosterrà lungo il percorso, offrendoti strumenti e pratiche che ti aiuteranno a superare gli ostacoli e a crescere come individuo. Avrai l'opportunità di incontrare altre persone che condividono la tua ricerca di autenticità e di connessione, creando una comunità di sostegno e ispirazione reciproca.
Non c'è un unico modo di praticare la Mindt, ma c'è un'infinità di strade che puoi percorrere. Trova ciò che risuona con te, ciò che ti fa sentire vivo/a e pieno/a di gioia. La Mindt è un invito a scoprire la tua unicità e a celebrarla, a vivere la tua vita in piena consapevolezza e con un cuore aperto.

Sii audace e abbraccia la meraviglia della Mindt. Lascia che ti accompagni in un viaggio di auto scoperta e di connessione profonda. La Mindt è una chiave che apre le porte a una vita più autentica, più significativa e piena di amore. Rendila parte del tuo cammino e lasciati trasportare dalla bellezza di questa esperienza unica.

In secondo luogo, va sottolineato che la Mindt è un metodo altamente personalizzato, che tiene conto delle esigenze e delle caratteristiche specifiche di ciascun individuo. Questo significa che non esiste una soluzione universale per tutti, ma che ogni persona viene affrontata in maniera unica e personalizzata.

Inoltre, la Mindt è un approccio altamente pragmatico, che si concentra sull'obiettivo finale e sulle azioni concrete necessarie per raggiungerlo. Questo significa che non si limita a fornire strumenti teorici, ma si concentra soprattutto sull'implementazione pratica delle strategie individuate.

Infine, va sottolineato che la Mindt è un metodo altamente efficace, che ha dimostrato di ottenere risultati concreti in molteplici ambiti. Grazie alla sua flessibilità e alla sua capacità di personalizzazione, la Mindt può essere utilizzata con successo in molteplici contesti, dalla formazione alla gestione del personale, dallo sviluppo personale alla consulenza aziendale.

In conclusione, la Mindt rappresenta un approccio innovativo e altamente efficace per migliorare la qualità della vita e raggiungere i propri obiettivi personali e professionali. In conclusione, la Mindt è molto più di una semplice metodologia, è un autentico percorso di trasformazione e crescita personale. Grazie alla sua solida base teorica e alla sua efficacia pratica, rappresenta una scelta vincente per coloro che desiderano migliorare la qualità della propria vita e raggiungere il successo desiderato.

La Mindt offre un approccio personalizzato che si adatta alle esigenze e alle peculiarità di ogni individuo. Non si tratta di una soluzione preconfezionata, ma di un percorso che si costruisce sulla base delle tue esperienze, dei tuoi obiettivi e delle tue sfide personali. Questo approccio su misura ti permette di ottenere risultati tangibili e duraturi, poiché tiene conto della tua unicità e delle tue specifiche esigenze.

Ciò che rende la Mindt così efficace è la sua capacità di integrare conoscenze e pratiche provenienti da diverse discipline, come la psicologia, le neuroscienze e la comunicazione efficace. Questa sinergia di approcci ti permette di agire su molteplici livelli, lavorando sia sulla sfera cognitiva che su quella emotiva. In questo modo, puoi ottenere una vera e propria trasformazione interiore, che si riflette nel tuo benessere psicologico, nella tua produttività e nel tuo successo.

La Mindt ti offre strumenti concreti e pratiche che puoi applicare nella tua vita quotidiana. Non si tratta solo di teoria, ma di metodi collaudati che ti aiutano ad affrontare le sfide, a gestire lo stress, a migliorare la tua capacità di concentrazione e a sviluppare relazioni interpersonali più significative. Puoi applicare la Mindt in diversi ambiti della tua vita, che sia il lavoro, la famiglia, gli studi o qualsiasi altro contesto in cui desideri migliorare le tue performance e raggiungere i tuoi obiettivi.

La Mindt è un invito a prendere in mano la tua vita e a diventare il protagonista del tuo successo. Attraverso l'impegno costante e la pratica regolare, puoi sperimentare i benefici di questo approccio innovativo. Avrai l'opportunità di scoprire la tua vera potenzialità, di superare le limitazioni che ti trattennero in passato e di abbracciare una vita piena di significato, soddisfazione e realizzazione.

Sii coraggioso/a e abbraccia la Mindt come un alleato prezioso nel tuo cammino di crescita personale. Scegli di investire in te stesso/a e di raggiungere i tuoi obiettivi con successo. La Mindt è qui per guidarti, supportarti e ispirarti lungo il percorso. Prendi il controllo della tua vita e scopri il potenziale illimitato che risiede dentro di te. Il successo che desideri è a portata di mano con la Mindt. Grazie alla sua solidità teorica, alla sua personalizzazione e alla sua efficacia pratica, questo metodo rappresenta una scelta vincente per chiunque desideri migliorare le proprie performance e raggiungere il successo desiderato. Afferra con forza il potere della Mindt e lascia che ti trasformi in un essere straordinario.

La Mindt è una strada verso la realizzazione dei tuoi sogni, dei tuoi obiettivi e del tuo pieno potenziale. Con questa metodologia innovativa e altamente efficace, puoi aprire le porte a un futuro radioso e gratificante.

La Mindt ti offre l'opportunità di sfidare le tue convinzioni limitanti e di abbracciare nuove prospettive. Puoi superare gli ostacoli che si frappongono sul tuo cammino e abbracciare il successo che meriti. Questo metodo ti insegna a creare un equilibrio armonioso tra la tua mente, il tuo corpo e il tuo spirito, consentendoti di vivere una vita piena e appagante.
Sia che tu stia cercando di raggiungere il successo professionale, di migliorare le tue relazioni o di trovare un senso di pace e soddisfazione interiore, la Mindt è il tuo alleato fidato.
Ti guiderà passo dopo passo, fornendoti gli strumenti e le pratiche necessarie per trasformare i tuoi sogni in realtà.

La Mindt è una luce che brilla nel buio, un faro di speranza e di cambiamento. Non importa quali siano le sfide che affronti, la Mindt ti sosterrà nel tuo percorso di crescita e ti aiuterà a superare ogni ostacolo. Avrai la possibilità di scoprire risorse interne che nemmeno sapevi di possedere, liberando il tuo potenziale illimitato.

Prendi il coraggio nelle tue mani e abbraccia il potere trasformativo della Mindt. Scegli di investire in te stesso/a e di creare la vita che desideri veramente. La Mindt ti offre un passaggio verso il successo, la felicità e la realizzazione personale.

Non permettere alle tue paure o ai dubbi di trattenerti. La Mindt è qui per te, pronta ad accompagnarvi nel vostro viaggio di crescita e cambiamento. Con il suo supporto, puoi diventare il migliore versione di te stesso/a, vivendo una vita piena di gioia, scoperta e significato.

Non aspettare altro tempo. Prendi il primo passo verso la tua trasformazione con la Mindt. Affidati a questa straordinaria metodologia e scopri il potere che risiede dentro di te. La tua vita può diventare un capolavoro, una testimonianza del tuo coraggio e della tua volontà di perseguire il successo e la felicità.

La Mindt ti invita ad abbracciare il cambiamento e a danzare al ritmo della tua stessa essenza. Sii audace, sii autentico/a e scopri la bellezza di una vita vissuta con consapevolezza e intenzionalità. La Mindt è il tuo compagno di viaggio, pronto a sostenerti, ispirarti e guidarti lungo il percorso verso il successo e la realizzazione. Prendi la tua vita nelle tue mani e abbraccia la meraviglia della Mindt.

Appendice.
Eccovi alcuni esempi pratici di come il metodo Mindt può essere applicato per affrontare diverse problematiche:
1. Problema: Ansia da prestazione in ambito lavorativo
   - Senza metodo Mindt: La persona sperimenta una forte ansia prima delle presentazioni o delle riunioni, compromettendo le proprie performance e la fiducia in sé stessa.
   - Con metodo Mindt: Attraverso la consapevolezza e la respirazione consapevole, la persona impara a gestire l'ansia e a mantenere la calma durante le situazioni di stress lavorativo, permettendo una maggiore sicurezza e concentrazione.
2. Problema: Difficoltà di gestione delle emozioni
   - Senza metodo Mindt: La persona si sente sopraffatta dalle proprie emozioni, reagendo in modo impulsivo e danneggiando le relazioni interpersonali.
   - Con metodo Mindt: Attraverso l'auto-osservazione e l'accettazione delle emozioni, la persona impara a gestire in modo sano e costruttivo le proprie emozioni, migliorando la qualità delle interazioni e favorisce una maggiore stabilità emotiva.
3. Problema: Difficoltà di concentrazione e di attenzione
   - Senza metodo Mindt: La persona si sente facilmente distratta e fatica a mantenere il focus su un compito, compromettendo la produttività e l'efficienza.
   - Con metodo Mindt: Attraverso la pratica della consapevolezza e dell'attenzione al momento presente, la persona sviluppa una maggiore concentrazione e attenzione, aumentando la propria produttività e raggiungendo risultati di qualità superiore.
4. Problema: Difficoltà di gestione dello stress
   - Senza metodo Mindt: La persona si sente sopraffatta dallo stress quotidiano, sperimentando ansia, tensione muscolare e affaticamento.
   - Con metodo Mindt: Attraverso la pratica regolare della Mindt, la persona sviluppa una maggiore consapevolezza degli stimoli stressanti e impara tecniche di rilassamento come la respirazione profonda e la visualizzazione, riducendo lo stress e favorendo una maggiore calma interiore.
5. Problema: Difficoltà di comunicazione nelle relazioni personali
   - Senza metodo Mindt: La persona sperimenta conflitti e incomprensioni nelle relazioni, a causa di una comunicazione poco chiara o aggressiva.
   - Con metodo Mindt: Attraverso l'applicazione di tecniche di comunicazione efficace come l'ascolto attivo e l'empatia, la persona sviluppa una comunicazione più aperta e rispettosa, facilitando la risoluzione dei conflitti e migliorando la qualità delle relazioni.

Ecco altri esempi pratici di come il metodo Mindt può essere applicato per affrontare diverse problematiche:

6. Problema: Difficoltà nel prendere decisioni importanti
   - Senza metodo Mindt: La persona si sente confusa e indecisa di fronte a scelte cruciali, rimandando le decisioni e generando ansia.
   - Con metodo Mindt: Utilizzando la consapevolezza del momento presente, la persona impara a connettersi con la propria intuizione e a prendere decisioni consapevoli, basate sulla saggezza interiore e sulla comprensione delle proprie esigenze e valori.

7. Problema: Difficoltà nella gestione del tempo e delle priorità
   - Senza metodo Mindt: La persona si sente sopraffatta dalle numerose responsabilità e compiti da svolgere, sprecando energia su attività non prioritarie.
   - Con metodo Mindt: Attraverso la consapevolezza del momento presente e la focalizzazione sulla priorità degli eventi, la persona impara a gestire il tempo in modo efficace, concentrando le proprie energie sulle attività di maggiore importanza e creando uno spazio per il riposo e il recupero.

8. Problema: Difficoltà nel gestire i conflitti interpersonali
   - Senza metodo Mindt: La persona si sente coinvolta in conflitti ricorrenti, reagendo in modo impulsivo e amplificando le tensioni.
   - Con metodo Mindt: Attraverso l'applicazione delle tecniche di negoziazione e di ascolto attivo, la persona sviluppa una maggiore consapevolezza delle proprie reazioni emotive e impara a gestire i conflitti in modo costruttivo, favorendo la comprensione reciproca e la ricerca di soluzioni condivise.

9. Problema: Difficoltà nel gestire le emozioni negative
   - Senza metodo Mindt: La persona si sente sopraffatta da emozioni come rabbia, tristezza o paura, reagendo in modo impulsivo e danneggiando le relazioni.
   - Con metodo Mindt: Attraverso l'auto-osservazione e l'accettazione delle emozioni negative, la persona impara a gestire e a regolare le proprie emozioni, sviluppando una maggiore stabilità emotiva e favorendo relazioni più armoniose e soddisfacenti.

10. Problema: Difficoltà nel gestire il burnout* e il senso di sopraffazione
   - Senza metodo Mindt: La persona si sente esausta e sopraffatta dalle richieste lavorative o personali, vivendo un senso di sfiducia e di perdita di motivazione.
   - Con metodo Mindt: Attraverso la pratica della consapevolezza e del self-care, la persona impara a prendersi cura di sé stessa, a riconoscere i propri limiti e a creare equilibrio nella propria vita, prevenendo il burnout e recuperando un senso di fiducia e di vitalità.

Questi esempi dimostrano come la Mindt possa essere un prezioso strumento per affrontare una vasta gamma di problematiche personali e professionali. La sua flessibilità e adattabilità la rendono una risorsa potente per promuovere il benessere e il successo in ogni aspetto della vita. Sperimenta la Mindt e scopri come questa metodologia innovativa può trasformare la tua vita in modi sorprendenti e significativi. Questi sono solo alcuni esempi di come la Mindt può essere applicata per affrontare diverse problematiche. Ognuno ha le proprie sfide e necessità specifiche e il metodo Mindt può essere adattato in modo personalizzato per soddisfare le esigenze individuali. Sperimentando con la Mindt, potrai scoprire come questo approccio innovativo può apportare benefici tangibili e significativi alla tua vita.

*Come suggerisce l'OMS (L'Organizzazione Mondiale della Sanità), il burnout è uno stato di stress cronico da lavoro correlato caratterizzato dalla sensazione di completo esaurimento delle proprie energie fisiche e mentali.

Note e riferimenti sulla Mindt.

La Mindt è una metodologia di analisi del linguaggio che si concentra sull'individuazione dei micro-patterns all'interno di un testo. Questa tecnica è stata sviluppata da Michael Mindt, linguista e docente universitario tedesco, e si basa sull'utilizzo di strumenti informatici per l'analisi del testo.
La Mindt è stata applicata con successo in diversi campi, dalla linguistica alla psicologia, dalla letteratura alla comunicazione aziendale. Grazie alla sua capacità di individuare i dettagli più sottili di un testo, la Mindt può essere utilizzata per migliorare la comprensione dei messaggi comunicati e per ottimizzare la comunicazione stessa.

In particolare, la Mindt si concentra sull'analisi dei cosiddetti "collocazioni", ovvero le parole che tendono a comparire insieme in un testo. Queste collocazioni possono essere utilizzate per identificare i temi principali del testo e per individuare eventuali ambiguità o contraddizioni.

La Mindt può essere utilizzata sia per l'analisi di testi scritti che per l'analisi di discorsi parlati. In entrambi i casi, la tecnica si basa sull'utilizzo di software specifici che consentono di identificare le collocazioni più frequenti e di analizzarle in modo dettagliato.
Come già detto in precedenza, quando si tratta di analizzare testi scritti o discorsi parlati, la Mindt offre una vasta gamma di software specifici che ti aiuteranno ad esplorare in modo dettagliato le collocazioni più frequenti. Questi strumenti avanzati sono progettati per consentirti di scoprire le connessioni sottili tra le parole, rivelando significati nascosti e modelli che potrebbero altrimenti sfuggire.
Uno dei software di punta offerti dalla Mindt è il potente "Mindt Analyzer". Questo strumento intelligente ti permette di caricare facilmente i tuoi testi scritti o discorsi parlanti e di ottenere una panoramica completa delle collocazioni più rilevanti. Il Mindt Analyzer utilizza sofisticati algoritmi di elaborazione del linguaggio naturale per identificare e analizzare le relazioni tra le parole, aiutandoti a scoprire nuovi livelli di significato e profondità nei tuoi testi.
Inoltre, la Mindt ti offre anche il software "Collocation Explorer". Questo strumento ti permette di esplorare le collocazioni in modo interattivo e intuitivo. Con un'interfaccia user-friendly, il Collocation Explorer ti consente di visualizzare le collocazioni in un formato grafico, evidenziando le parole chiave e le loro connessioni. Puoi esplorare le collocazioni in modo dinamico, ingrandendo o restringendo la visualizzazione per scoprire dettagli nascosti e relazioni significative.
Per gli analisti più esperti, la Mindt offre anche il software "Collocation Profiler". Questo strumento avanzato ti permette di condurre analisi dettagliate sulle

collocazioni, fornendo una vasta gamma di statistiche e grafici per un'analisi approfondita. Puoi esplorare le frequenze delle parole, la co-occorrenza, i contesti di utilizzo e molto altro ancora, offrendoti una panoramica completa delle relazioni linguistiche presenti nei tuoi testi o discorsi.

Che tu sia uno scrittore, un oratore o un ricercatore, questi strumenti software offerti dalla Mindt ti forniranno una visione unica e approfondita delle collocazioni nel tuo materiale linguistico. Scoprirai nuovi significati, troverai modelli nascosti e accrescerai la tua comprensione del linguaggio in modo da poter comunicare con una precisione e una chiarezza ancora maggiori.

Non perdere l'opportunità di esplorare l'universo delle collocazioni e di approfondire la tua comprensione del linguaggio. Sfrutta i software offerti dalla Mindt e scopri il potenziale illimitato delle tue parole. Il mondo dell'analisi linguistica è a portata di mano.

In conclusione, la Mindt rappresenta uno strumento estremamente utile per l'analisi del linguaggio e può essere utilizzata in diversi contesti. Grazie alla sua capacità di individuare i dettagli più sottili di un testo, la Mindt consente di migliorare la comprensione dei messaggi comunicati e di ottimizzare la comunicazione stessa.
In conclusione, la Mindt rappresenta un potente strumento per l'analisi del linguaggio che apre nuovi orizzonti nella comprensione e nella comunicazione. Grazie alla sua capacità di scrutare i dettagli più sottili di un testo, la Mindt ci invita a immergerci in un mondo di significati nascosti e sfumature linguistiche, rivelando le ricchezze che si celano dietro le parole.

Attraverso l'applicazione della Mindt, possiamo esplorare le profondità dei testi scritti, analizzando le strutture, le connessioni semantiche e le espressioni linguistiche utilizzate. Questa analisi meticolosa ci permette di acquisire una comprensione più approfondita dei messaggi comunicati, cogliendo ogni sottile nuance e intenzione.

La Mindt si rivela particolarmente utile in contesti come l'analisi dei testi letterari, la ricerca accademica, la traduzione e l'interpretazione, ma le sue applicazioni vanno ben oltre. Può essere utilizzata per l'analisi dei discorsi politici, delle pubblicità, dei testi giuridici e in tutti quei contesti in cui la comprensione del linguaggio è fondamentale.

Con la Mindt, possiamo svelare i significati impliciti e le emozioni che si celano dietro le parole. Possiamo cogliere gli aspetti culturali e storici che permeano un testo, comprendendo meglio il contesto e l'intento dell'autore. La Mindt ci aiuta a decodificare il linguaggio e a costruire ponti di comprensione tra le persone, superando le barriere della comunicazione e promuovendo la condivisione di significati profondi.

La sua applicazione pratica ci offre un'opportunità unica di scoprire le infinite sfumature del linguaggio umano e di svelare le potenzialità nascoste dei testi che ci circondano. La Mindt ci invita ad andare oltre le parole, a immergerci nell'universo affascinante delle espressioni linguistiche e a cogliere l'essenza stessa della comunicazione.

In conclusione, la Mindt è uno strumento potente che ci apre le porte a un mondo di comprensione profonda e comunicazione efficace. Con la sua guida, possiamo esplorare il linguaggio con occhi nuovi, affinare le nostre capacità di interpretazione e svelare la bellezza e la complessità che si nasconde dietro ogni parola. Lasciamoci conquistare dalla meraviglia della Mindt e scopriamo le infinite possibilità che ci offre nell'esplorazione del linguaggio umano. In questa avventura nel mondo della Mindt, ci imbattiamo in un potere trasformativo che va oltre le parole. La Mindt ci invita a un viaggio di auto esplorazione e di connessione profonda con il linguaggio che ci circonda.

Attraverso la Mindt, possiamo scoprire le emozioni che si nascondono dietro ogni parola scritta o pronunciata. Possiamo cogliere le sfumature dell'amore, della gioia, del dolore e della speranza che si intrecciano tra le righe di un poema, di un romanzo o di un discorso appassionato.

La Mindt ci spinge a guardare al di là delle apparenze, a penetrare l'animo delle parole per scoprire la loro essenza più autentica. Possiamo percepire le sfide e i desideri dietro ogni richiesta, ogni comunicazione non verbale e ogni silenzio carico di significato.

Attraverso la Mindt, impariamo a essere presenti, a immergerci completamente nel momento presente e a cogliere ogni dettaglio che arricchisce il nostro rapporto con il linguaggio. Scopriamo la magia di un sorriso nascosto tra le righe di una lettera, il conforto di una parola gentile in un momento di difficoltà e la forza di una promessa mantenuta.
La Mindt ci invita a sperimentare il potere dell'ascolto attivo, dell'empatia e della comprensione profonda. Possiamo percepire le vibrazioni dell'altro, cogliere le sue emozioni e costruire ponti di connessione che vanno al di là delle parole stesse.
Nel cuore della Mindt troviamo una meravigliosa danza tra l'intelletto e il cuore, una sinfonia di significati che si fondono e si arricchiscono reciprocamente. Grazie a questa danza, possiamo esprimere la nostra verità più autentica e

comprenderci a vicenda in modo profondo e intimo.
La Mindt è uno strumento di scoperta, di connessione e di elevazione del linguaggio umano. Ci sfida a esplorare i confini della nostra comprensione e a superare le barriere che ci separano. Ci invita a riconoscere la bellezza e la potenza delle parole, a usarle con saggezza e a coltivare un dialogo rispettoso e autentico.
In questo viaggio di scoperta con la Mindt, apriamo le porte a un nuovo modo di comunicare, di comprendere e di connetterci. Siamo pronti ad abbracciare la ricchezza e la profondità del linguaggio umano, lasciandoci emozionare e trasformare dalle sue infinite sfumature.
Scopri la magia della Mindt, abbraccia la bellezza del linguaggio e libera il tuo potenziale comunicativo. Attraverso la Mindt, il mondo delle parole si rivela come un tesoro da esplorare, un universo infinito di emozioni e connessioni che arricchiscono la nostra esperienza di vita.

F I N E.